Marie Harris

Chaos und andere Katastrophen

Marie Harris

Chaos und andere Katastrophen

Biographie

edition fischer
im
R.G. Fischer Verlag

Die Namen der Personen sind frei erfunden; eventuelle Ähnlichkeiten mit lebenden oder bereits verstorbenen Personen wären rein zufällig.

Die Deutsche Bibliothek – CIP-Einheitsaufnahme
Ein Titeldatensatz für diese Publikation ist bei
Der Deutschen Bibliothek erhältlich

Orber Str. 30, D-60386 Frankfurt/Main

Schriftart: Garamond 11'
Herstellung: Satz*Atelier* Cavlar / NL
Printed in Germany
ISBN 3-8301-0159-7

In Liebe für Neil

Inhaltsverzeichnis

Erprobtes Rezept für ein deftiges Chaos

Man nehme:
zwei Optimisten mittleren Alters
einen jungen Foxterrierrüden
einen Jeep
gebe ein Grundstück
eine Baugenehmigung, eine griechische Insel und
etwas Ionisches Meer dazu
mixe alles ganz gründlich mit
einer großen Portion Unwissenheit
einer kräftigen Prise Bürokratie
einer Handvoll Freunden, Verwandten
füge eine größere Menge Einheimische dazu
würze das Ganze dann mit
einem kräftigen Schuß Regen
und einem mächtig großen Sack voll Sonne
Nun schmecke ab und gebe bei Bedarf
etwas Angst und Verzweiflung hinzu
verfeinere zum Schluß noch alles mit
einem kräftigen Schuß Humor und
Lebensfreude

Man genieße das Chaosgericht mit
viel Metaxa und noch mehr Wein

Als Beilagen empfehle ich:
einen schwerkranken Möbelpacker
einen unpassierbaren Feldweg
einen Streuner
Reptilien aller Art
und einen durchgeknallten Hirten

Guten Appetit

Chaos ...
du herrlich grüne Insel, in der türkisblauen Ionischen See. Im Nordosten trennt eine schmale Wasserstraße die Insel vom Festland. Dort erstreckt sich das mächtige Pindosgebirge entlang der Küste bis weit nach Griechenland hinein. Ein Panorama, das uns immer wieder fasziniert. Die Insel selbst wird im Norden von der Ost- bis zur Westküste vom Pantokrator und Troupetta der größten Bergkette geprägt.

Gleich bei unserem ersten Besuch hatten mein Mann und ich uns in Chaos verliebt. Damals erkundeten wir die Insel per Motorroller. Die Schönheit und das Flair der Landschaft fesselten uns. Knorrige Olivenbäume schmükken die Berghänge und Hügel. Die zerklüftete Küste mit den herrlichen Buchten, den Fischerdörfern, einsamen Stränden und dann wieder sehr belebten Badeorten, umsäumt vom unglaublich türkis-blau-grün schimmernden Meer, ist einfach traumhaft.

Romantisch ist die Stadt Chaotikis mit den Festungen, die von den Venezianern geprägte Altstadt mit ihren winkligen, schmalen Gassen mit vielen kleinen Geschäften, deren Besitzer ihre Waren laut anpreisen und in denen der Duft griechischer Köstlichkeiten in die Tavernen zum Verweilen einlädt. Auf der Platia, dem großen, parkähnlichen Platz am Rande der Altstadt, herrscht stets ein buntes Treiben. Dort begegnet man in den Sommermonaten nahezu allen Nationalitäten. Zur Stadtseite säumen riesige Kolonnaden mit Straßencafés und Restaurants den Platz. Hier kann man herrlich im Schatten speisen, mit Blick auf die alte Festung, die große Bucht, in der sich die Boote der Wassersportler tummeln, und auf die alles überragenden Berge des nahen Festlandes. In der Allee, die von der Festung zur Platia führt, laden Gespanne mit kunstvoll bemalten Pferdekutschen, geschmückten Pferden und Kutscher in alten Trachten zur Stadtrundfahrt ein. Die Platia ist der Treffpunkt überhaupt, dort finden Kricketspiele, Freiluftkonzerte und andere festliche Veranstaltungen statt. Hier beginnen die meisten Touristen mit dem Altstadtbummel, durchwandern die Gassen bis hinunter zum Hafen.

So könnte ich noch stundenlang fortfahren, dennoch kann ich die wahre Schönheit der Insel nicht annähernd in Worte gefaßt wiedergeben.

Sie hat uns in ihren Bann gezogen und einfach nicht wieder losgelassen. Mutig haben wir uns im Frühling diesen Jahres ein Stückchen Bauland auf Chaos gekauft und sind nun also seit einigen Monaten stolze Besitzer eines herrlichen, 2500 m² großen Grundstückes. Es liegt sehr einsam, aber trotzdem zentral am Rande eines kleinen Dorfes etwa in der Mitte der Insel, cirka zehn Autominuten vom Stadtzentrum Chaos und der Ostküste entfernt. Zur Südwestküste nach Glyfada Beach mit dem wunderschönen Sandstrand fährt man nur zwölf Minuten.

Irgendwann wollen wir uns ein Haus bauen und dann das Rentenalter im sonnigen Süden verbringen. So dachten wir jedenfalls noch im April, als wir das zauberhafte Fleckchen Erde günstig erwarben.

Abschied

Mein Mann David, unser Drahthaar-Foxterrier Jasper und ich sitzen Anfang Juni in einem Airbus, wir sind auf dem Flug nach Griechenland. Ganze 14 Monate sind vergangen, seit wir auf Chaos ein Grundstück erwarben. Es war eigentlich als ein Stückchen Zukunft für unser »Rentenalter« geplant. Wer hätte gedacht, daß unsere Zukunft auf der Insel unserer Träume schon jetzt beginnen würde?

Der Abschied war uns nicht schwergefallen, die Kinder waren aus dem Haus und führten ihr eigenes Leben. Außerdem war Chaos nicht aus der Welt, nur knappe drei Flugstunden von Hamburg entfernt, wenn man bedenkt, daß eine Fahrt mit dem Auto von Hamburg nach München circa acht Stunden dauert, ist der Flug nach Chaos ein Klacks.

Im vergangenen Jahr hatte das Schicksal es nicht so gut gemeint mit uns, oder etwa doch? Am Anfang des Jahres wurde ich krank, und während eines längeren Krankenhausaufenthaltes wurde mir mein Job gekündigt. In der Firma, in der mein Mann als Angestellter arbeitete, lief es auch nicht so gut, viele seiner Kollegen waren schon entlassen worden, und mein Dave fühlte sich dort immer unwohler. Da beschloß er, sich als Programmierer selbständig zu machen, und verließ ebenfalls seinen Arbeitgeber. David richtete sich ein Büro in unserem Reihenhaus ein und hatte bald viel zu tun, denn an Aufträgen mangelte es nicht.

An einem total verregneten Wochenende – wieder einmal – meinte meine bessere Hälfte eigentlich nur so zum Spaß: »Warum ziehen wir nicht schon jetzt um nach Chaos? Im Prinzip ist es doch völlig egal, wo ich Wochen oder Monate an einem Programm schreibe, die meisten meiner Auftraggeber haben ihren Firmensitz sowieso im Ausland, und jetzt muß ich ja auch dort hinfliegen, um ein fertiges Programm abzuliefern und zu installieren. Was, Schatz, spricht also dagegen, früher als geplant auszuwandern?« Erstaunt blickte ich meinen Mann an, war überrascht, freudig überrascht, das war soeben der längste und schönste Satz, den David je gesprochen hat. Und es klang alles noch so logisch. »Das wäre wunderbar, einfach toll«, rief ich. Nach reiflicher Überlegung beschlossen wir, zum Wochenanfang mit den Vorbereitungen zu beginnen, um unsere Pläne in die Tat umzusetzen. Gleich am Montag morgen setzten wir uns mit dem griechischen Konsulat in Hamburg in Verbindung und holten uns alle nötigen Informationen, die wir für unsere Übersiedlung nach Chaos benötigten. Es dauerte fast fünf Wochen, bis wir die für Griechenland verlangten Papiere beisammen hatten und diese nun endgültig vom griechischen Konsulat abgesegnet wurden. Als nächstes annoncierten wie im Abendblatt und boten unser Reihenhäuschen zum Verkauf an. Angebote von verschiedenen Möbelspediteuren, die ganze Umzüge nach Griechenland durchführen, mußten eingeholt und verglichen werden. Inzwischen hatten sich auch schon einige Kaufinteressenten für unser Haus gemeldet. Die Verhandlungen mit manchen Leuten erwiesen sich jedoch als schwierig, wir konnten uns nie über den Verkaufspreis einigen; da wir aber noch reichlich Zeit hatten, ließen wir uns nicht entmutigen.

Auf Chaos lebende Freunde hatten uns einen Architekten empfohlen, mit dem wir uns nun in Verbindung setzten. Wir faxten ihm einen Bauplan nach unserem Entwurf sowie eine Vollmacht zu und baten ihn, alles Nötige zu veranlassen, damit das Bauvorhaben schnell und zügig ausgeführt werden konnte. Ansonsten lief alles reibungslos, wir schmiedeten Pläne und träumten laut von einem neuen kleinen Haus, umgeben von einem riesigen Garten, und im Geiste sahen wir unseren Foxl Jasper durch den Garten flitzen, ach ja, es war eine schöne Zeit.

Mitte April teilte unser chaotischer Architekt uns mit, daß die Baugenehmigung vorläge. Nachdem er uns einen Kostenplan für die verschiedenen Bauabschnitte sowie eine Kopie der Baugenehmigung gefaxt hatte, beauftragten wir ihn, mit dem Bau des Hauses zu beginnen.

Im Mai, endlich, hatten wir den passenden Käufer für unser Haus gefunden. Wir legten nun den Tag fest, an dem der Spediteur unsere Möbel und den Hausrat verpacken und abholen sollte. Dann buchte mein Mann bei der Fluggesellschaft für den 4. Juni 1992 zwei One-way-Tickets nach Chaos.

Jetzt, wo alles organisiert war und der Abreisetermin feststand, weihten wir unsere Kinder, meine Eltern und die Familie meines Bruders ein. Meine Familie war nicht sehr erstaunt darüber, was wir ihnen offenbarten. In der Vergangenheit hatte David schon mehrfach verlauten lassen, wie schön es doch wäre, im Süden zu leben, endlich einmal einen richtigen Sommer zu verleben und Winter, die den kühlen und verregneten Sommern in Deutschland glichen. Unsere Kinder waren begeistert – die dachten an die schönen, künftig billigen Urlaube bei Muttern »zuhause auf Chaos«, und meine Mutter verkündete mutig: »Dann muß ich ja wohl noch das Fliegen lernen, und das in meinem Alter.« Diese Gedanken stimmten heiter. Ach ja, »meine Familie« reagierte großartig. Die in England lebende Familie meines Mannes – er ist Brite – war Kummer gewöhnt. Mit 15 zog er zu Hause aus, um die Militärakademie zu besuchen, als er 20 war, wurde er in Deutschland stationiert. Nach achtjähriger Militärzeit nutzte er seine gewonnenen Kenntnisse und erwarb sein Patent als Funkoffizier zur See. Ein paar Jahre später blieb mein Mann in Deutschland hängen, wo wir uns schließlich kennen- und lieben lernten.

Unsere besten Freunde, die uns zum Abendessen eingeladen hatten, wollten wir bei dieser Gelegenheit von unserem Vorhaben informieren. Während der Nachtisch serviert wurde, ließ mein Mann die Bombe platzen und erzählte von unserer bevorstehenden »Auswanderung«.

Ungläubig starrten Monika und Günther uns an, dann sagte Moni kurz und schmerzlos: »Das glauben wir euch nicht, ihr seid ja besoffen, ihr habt zuhause schon einen Dreifachen gehoben, was?«

Keinen Tropfen hatten wir vorher getrunken, und so antworteten wir, obwohl stocknüchtern, stereo: »Natürlich haben wir uns gleich gedacht, daß ihr uns nicht glaubt, nun seht her, wir haben Beweise dabei!« Noch nie hatten wir diese vertrauten Gesichter so sprachlos gesehen, als mein Mann unseren beiden überraschten Freunden die Zollpapiere für unser Auto und die Buchungsbestätigung der Fluggesellschaft präsentierte. Die Fluggesellschaft Hapag Lloyd übernahm auch den Transport unseres Autos per Luftfracht, sogar mit dem gleichen Flug, den wir für uns gebucht hatten. Allerdings konnten wir diesen Service der Fluggesellschaft nur ab Hannover in Anspruch nehmen, aber das schien für uns das kleinere Übel zu sein. Die Zeit bis zu unserer Abreise war ausgefüllt mit unzähligen Arbeiten, die eben so anfallen, wenn man einen ganzen Haushalt auflöst, es gab so viel zu erledigen bei den deutschen Behörden, und plötzlich war er da, der Tag X. Endlich saßen wir in unserem bis unters Dach vollbepackten Jeep – obwohl wir wirklich nur das Allernötigste mitgenommen hatten, was wir für die Übergangszeit am dringendsten brauchten: leichte Sommerbekleidung, Jaspers Körbchen und Transportkiste sowie seine Spielsachen – und waren auf dem Weg nach Hannover. Wir machten noch einen Abstecher nach Harburg, um unseren Jasper abzuholen, der bei meinen Verwandten, Elke und Michael, dem Umzugsstreß glücklich entgangen war. Mit den Worten »Ihr bekommt morgen so gegen 20 Uhr Besuch« empfing uns meine Elke schon an der Haustür. »Schließlich müssen wir ja sehen, wo ihr bleibt«, fügte Michael schelmisch hinzu. Wir waren platt und freuten uns unheimlich über soviel Fürsorge. Vorsorglich gaben wir den beiden die Telefonnummer, unter der wir künftig in unserem Übergangsquartier erreichbar waren. Später, bei Kaffee und Kuchen, erzählten wir den beiden, daß Vanessa – eine sehr aufgeweckte, kesse 14jährige Tochter unserer bisherigen Nachbarn – ebenfalls morgen, nur knappe fünf Stunden nach uns, in Chaos einfliegen würde. David und ich hatten die nette Kleine eingeladen, uns in den ersten zwei Wochen Gesellschaft zu leisten. »Na, wenn das so ist, lachte Elke, »habt ihr wenigstens keine Zeit, den eventuellen Abschiedsschmerz auszuleben, dafür wird Vanessa schon sorgen.« Es wurde allmählich Zeit aufzubrechen, wir verabschiedeten uns von Elke und Michael, und zu dritt setzten wir die Fahrt nach Hannover fort. Am späten Nachmittag trafen wir am Flughafen in Hannover ein.

Mein Mann lieferte unser Köfferchen mit dem Nötigsten, unseren Jasper und mich im Flughafenhotel ab und brachte anschließend unseren schwerbeladenen Wagen mit den nötigen Zollpapieren zur Frachtannahme. Im

Hotel genehmigten wir uns noch ein letztes deutsches Abendessen, dann fielen wir drei todmüde in die Betten. Es war zwar erst kurz vor neun Uhr, aber um fünf in der Frühe mußten wir schon am Flughafen sein. Unser Flieger startete um halb sieben, und wir brauchten dringend noch ein wenig Schlaf nach den ganzen Strapazen, die nun glücklich hinter uns lagen. Erwartungsvoll freuten wir uns auf den nächsten Tag, der uns unserem Traum vom Süden ein Stück näher bringen würde.

Ankunft

Es ist warm, sehr warm in der nicht klimatisierten, dunklen und stickigen Ankunftshalle des Flughafens in Chaos. Zwei Optimisten, die so aussehen wie wir, stehen in der schwitzenden Menschenmenge, die sich langsam schiebend auf das Fließband zubewegt, auf dem das Gepäck erwartet wird.

Immer wieder den Satz: »Entschuldigung, wir erwarten unseren Hund, der müßte als erster auf dem Fließband ankommen« vor uns herbetend, versuchen wir uns vorzudrängen. Bereitwillig machen unsere Mitreisenden Platz. Das Band rollt an, und die ersten Koffer erscheinen auf dem Fließband, immer mehr nachfolgende Gepäckstücke finden ihre Besitzer, unseren Koffer haben wir auch schon, aber unser kleiner Liebling taucht nicht auf, ausgerechnet bei der Hitze. »Das dauert mir alles zu lange, ich gehe jetzt mal zum Flughafenbüro und frage dort nach, wo mein Hund geblieben ist«, beschließt Dave energisch und steuert auch schon auf einen vorübergehenden Polizisten zu. Der Beamte spricht ein paar Worte in sein Handfunkgerät und eilt, dicht gefolgt von meinem Mann, zurück durch die Paßkontrolle und weiter über das Rollfeld zum Flugzeug. Es fällt mir schwer, mich von dem Fließband zu entfernen, auf dem nur noch einzelne Gepäckstücke an mir vorbeirollen. Es könnte ja sein, daß unser kleiner Jasper doch noch in seiner Kiste hier ankommt. Mit lautem Quietschen bleibt das Band plötzlich stehen. Es ist leer, und als nun auch noch eine neue Menschenmenge, der Sprache nach Holländer, hereinströmt, mache ich mich auf den Weg in die Wartehalle. Dort warte ich ungeduldig auf die Rückkehr meines Gatten, hoffentlich in Begleitung unseres Terriers.

Mir scheint alles irgendwie unwirklich, ich komme mir verloren vor, als sich eine Hand auf meine Schulter legt und ich ein fröhliches: »Hello, well come to Chaos« vernehme. Es ist Tom, ein alter Landsmann meines Gatten, der hier auf der Insel schon seit einigen Jahren zu Hause ist. Tom will uns abholen, er hat uns auch ein Quartier besorgt. Ein zwar altes, aber durchaus noch bewohnbares Haus, wie er uns noch vorige Woche am Telefon versichert hatte. Toms Vorschlag, erst einmal in dieses alte Haus zu ziehen, haben wir dankbar angenommen, zumal es uns keinen Pfennig Miete kosten sollte. Die Besitzer waren vor einigen Monaten ganz nach Großbritannien zurückgegangen, und da sich bisher noch kein Käufer für dieses baufällige Haus gefunden hatte, waren wir den Besitzern als Hüter des alten Gemäuers willkommen. »Im Sommer kann man da gut leben, im Winter nicht, aber bis dahin ist ja wohl euer neues Eigenheim bezugsfertig, so daß ihr einziehen könnt. Wenn es nicht klappt, müßt ihr euch für den Winter etwas anderes suchen«, hatte Tom noch gemeint, und daß er uns auch dabei, sollte es denn wirklich erforderlich werden, behilflich sein würde.

Tom vermißt seinen Freund, meinen Ehemann David, in knappen Sätzen erkläre ich ihm die Sachlage, und nun warten wir gemeinsam auf den verlorengegangenen Hund und sein Herrchen. Nach endlosen weiteren 22 Minuten kommt mein Jasper auf mich zugestürmt, sein Herrchen – mit der Hundetransportkiste unterm Arm – an langer Leine im Schlepptau. War das eine Freude. »Wo warst du denn?« richte ich das Wort an meinen Hund. Statt seiner antwortet mein Mann: »Im Flugzeug haben wir ihn gefunden, das Personal hatte vergessen, den armen Kerl auszuladen, ich kam gerade noch rechtzeitig, denn der Laderaum war schon wieder verschlossen, und die Maschine wäre bald leer zurück nach Deutschland geflogen.« Tom lachte. »Ist ja noch mal gutgegangen, aber mit Pannen muß man hier immer rechnen.«

»Wo wir nun gerade von Pannen reden, hast du unseren Jeep gesehen?« frage ich meinen Mann. »Ja, Schatz, aber den mußt du holen, mir wollte man den Wagen nicht aushändigen, weil er auf deinen Namen zugelassen ist, du sollst Dich im Büro der Flughafenpolizei melden.« Mit diesen Worten gibt Dave mir das mit mindestens acht wichtigen Stempeln versehene Dokument vom griechischen Konsulat in Hamburg, die nötigen Bescheinigungen der deutschen Zollbehörde, zum Trost noch einen dicken Kuß und einen kleinen Schubs. Mit einem fröhlichen »Viel Glück, beeil dich mal, wir treffen uns nachher auf dem Parkplatz an Toms Wagen« bringt Dave mich auf den Weg.

Brav mache ich mich auf die Suche nach dem Polizeiposten und werde nach längerem Suchen endlich fündig. In diesem Teil des Flughafens wird emsig umgebaut, er gleicht eher einer Großbaustelle. In diesem Durcheinander bräuchte ich dringend einen Kompaß, um mich zurechtzufinden, denke ich bei mir und sehe hinter einem Drahtverhau auch zwei Uniformierte vor einer Bretterbude herumstehen. Meinen kleinen griechischen Wortschatz zusammensuchend, wage ich es, die Herren anzusprechen. Höflich hören die beiden meinen Ausführungen zu, sehen sich die Papiere ganz genau an, richten etliche Fragen an mich, die ich aber nicht zu deuten weiß, möchten meinen Paß sehen, den sie genau studieren, um mir endlich so ungefähr nach elf Minuten, achselzuckend, im besten Hochdeutsch! – freundlich lächelnd mitzuteilen: »Du mußt zum Zolloffice gehen, hier ist die Poststation.« Jetzt erklärt mir der hübschere Beamte den Weg zum Zoll. Ich, nicht blöde, stelle mich fürchterlich doof und mache ein ratloses Gesicht. So sieht sich der Hübsche genötigt, mich zum Zollbüro zu begleiten.

Dankbar stolpere ich über Gerüstbretter und durch fliegenden Staub hinter dem Mann her. Vor einem Glaskasten – der einen Schreibtisch und drei Zollbeamte beinhaltet – bleibt der Herr von der Post stehen und macht mich mit einem der Zollbeamten bekannt. Das Schnüffeln in meinem Paß hat sich gelohnt, er stellt mich mit meinem ganzen Namen vor. Mein hübscher Begleiter schildert dem Zöllner mein Anliegen, ich halte die Papiere in meinen Händen, bereit, sie dem Herrn zu überlassen. Der Beamte schaut mich an, lächelt mir zu und greift zum Telefon. »Er spricht mit dem Flughafenmeister«, gibt der Hübsche von der Post mir zu verstehen. Dann ist das Telefonat beendet, und mein schöner Postler bekommt vom freundlichen Zöllner einige Anweisungen. »Es ist alles klar«, sagt er zu mir, der Hübsche, »ich bringe dich jetzt zum Hafenmeister, und da bekommst du auch dein Auto.«

»Ja, aber die Papiere«, stottere ich, »müssen doch noch abgestempelt werden, damit wir griechische Nummernschilder bekommen können.«

Die Post unterhält sich nun ein paar Minuten mit dem Zoll, dieser verlangt nun, in meine Dokumente zu sehen, die ich ihm glücklich überreiche.

Herr Zöllner blättert, schaut abwechselnd in die Papiere und in mein Gesicht, unterhält sich mit seinen beiden Kollegen, flüstert etwas zu meinem persönlichen Dolmetscher und reicht mir die Papiere zurück.

»Die wissen nicht, was sie damit machen müssen. Es ist noch niemals ein Auto mit dem Flugzeug hier angekommen, du sollst zum Fährhafen fahren, die Papiere da zum Zoll bringen, die Beamten dort kennen sich damit aus und wissen, was sie machen müssen«, erklärt mein anhänglicher Begleiter. Dann zieht er mich fort, um mich sicher zum Hafenmeister zu bringen. Völlig verwirrt staune ich über das hiesige Beamtentum.

Der Hafenmeister heißt Archimedes, ist ein ganz netter, sehr charmanter und zuvorkommender Herr. Archimedes ist zum Glück der deutschen Sprache mehr oder weniger mächtig, was meinen dolmetschenden, hübschen Postbeamten jedoch nicht daran hindert, weiterhin an meiner Seite weilend, den Ablauf der Dinge zu überwachen. Gemeinsam durchwandern wir die Baustelle, kommen zurück in die Ankunftshalle, weiter geht es durch die Paßkontrolle hinaus auf das Rollfeld. Nach ein paar Gehminuten erreichen wir am Rande des Flugfeldes einen Platz, auf dem das große Stückgut lagert und zur Abholung bereitsteht. Auf einer riesigen Plattform mit acht Rädern thront mein Jeep, festgeschnallt und mit bunten Etiketten versehen. Archimedes schüttelt bedächtig den Kopf, zieht die Schultern hoch und sagt mit wehleidiger Stimme, während er die Plattform umrundet: »Problema, große Problema, wie kommen Jeepauto runter? Ist erste Auto aus Flugzeug nach Chaos, ich nix ahnen, von gaa nix!« Etwas ratlos sehe ich mich nach einer Rampe oder ähnlichem um und blicke auf die Uhr. Eine Stunde und 'ne gute halbe sind bereits vergangen, seit mein Mann mich zum Autoholen schickte, und das kann noch dauern ...

Inzwischen haben etliche Herren uns gesichtet, die zu verrichtende Arbeit fallen lassen und sich um meinen festgeschnallten Jeep gruppiert. Alle brabbeln durcheinander und geben, den Gesten nach zu urteilen, kluge Ratschläge zum besten. Archimedes kratzt sich am Kopf, zündet sich eine Zigarette an – die fünfte in meinem Beisein – und ruft einem Arbeiter etwas zu. Der Arbeiter rennt im Laufschritt über das Rollfeld und verschwindet im Flughafengebäude. »Du hattest eine Idee?« wende ich mich an

Archimedes. »Nix Idee, Jannis holen Kaffee krio für Erfrischung für dich und mich und ... « Nun hat Archimedes sich am Rauch verschluckt und zeigt hustend auf den Postler, der hier an meiner Seite schuftet.

Als immer mehr Arbeiter herkommen, brüllt Archimedes plötzlich in die Menge, und flink wie die Wiesel rennen alle wieder an ihre Arbeit. »Hier bin ich Chef«, gibt er mir zu verstehen, »müssen Machtwort reden und immer gucken, ganze jede Tag, sonst nix arbeiten, baahh.« Es fällt mir äußert schwer mir das Lachen zu verkneifen, obwohl ich mich schrecklich fühle und mir eigentlich nicht zum Lachen zumute ist. Es ist glühend heiß, und über der betonierten Rollbahn wabern die Luftspiegelungen. Mir ist zum Heulen zumute, Schatten ist auch keiner da, denn die Sonne steht fast senkrecht. Völlig durchgeschwitzt träume ich von einem erfrischenden Bad im Meer, na ja, mit einer Dusche wäre ich jetzt auch schon zufrieden. Jannis kommt zurück, und Archimedes drückt mir einen Becher mit kaltem, süßem Kaffee in die Hand. »Bitte«, sagt er würdevoll sich verbeugend, »Geschenken von mir wegen Unglück mit Jeepauto.«

»Oh, vielen Dank«, bedanke ich mich höflich bei dem edlen Spender und lobe die griechische Gastfreundschaft.

»Trinken, gutt, gutt, nix danken, ich machen Problem für dich mit Jeepauto runterladen, nix danken«; strahlt Archimedes mich an.

So, nun weiß ich ja ganz genau Bescheid und lasse meinen verzweifelten Blick über das Rollfeld schweifen, wo gerade ein Riesenvogel landet: Ich schaue der Maschine nach. Es ist ein sehr großes Flugzeug, das sich langsam auf das Flughafengebäude zubewegt. Es kommt zum Stehen, und nun öffnet sich langsam die große Heckklappe, und wie von Geisterhand rollt eine Rampe heraus bis auf den Boden. Ein Gabelstapler fährt eilig in den Bauch des Fliegers und kommt mit einer mächtig großen, vollbeladenen Palette langsam die Rampe wieder heruntergefahren. Nun bewegt sich der Gabelstapler in unsere Richtung, und plötzlich weiß ich genau, wie mein »Jeepauto« von der Plattform befreit werden kann. Um Archimedes nicht in Verlegenheit zu bringen, deute ich auf den Gabelstapler: »Sieh mal, Archimedes, ein Gabelstapler, der kommt hierher.«

»Ja, der laden Ballett hier ab, in Zone für Fracht.«

Er versteht mich nicht, und ich wage einen zweiten Versuch: »Der kann aber viel heben!«

Archimedes sitzt auf dem Rollwagen vorm Jeep, zieht genüßlich an seiner achten Zigarette und erklärt eifrig: »Ist großer Stapeler mit viel Kraftmotor, kann überladen zwei Pferd.« Dann verstummt er wieder.

Etwas irritiert schaue ich ihn an, komme ins Grübeln – hat denn der Kleine tatsächlich einen Balken vorm Kopf? Spontan klopfe ich Archimedes kräftig auf die Schulter und sage fröhlich und sehr laut: »Bravo Archimedes, du bist wirklich schlau, mein Jeepauto mit dem Gabelstapler abzuladen! Toll, da muß man erst mal drauf kommen.«

Wie ein geölter Blitz schnellt klein Archimedes in die Höhe und startet durch, stoppt den Gabelstapler und veranlaßt den Fahrer, sofort und auf der Stelle seine Fracht abzusetzen. Geschwind kommt nun der Stapler, Archimedes vorn auf einer Gabel stehend, zur Plattform gefahren.

Es dauert nun noch ganze fünfdreiviertel Minuten, dann steht mein Auto auf seinen eigenen vier Rädern auf dem heißen Asphalt des Lagerplatzes. »Sehr nett von dir, daß du mir geholfen hast«, bedanke ich mich bei meinem hübschen Postmann und steige in den Jeep. Archimedes stellt sich auf das Trittbrett und klammert sich an den Rahmen des offenen Fensters an der Fahrertür, so lotst er mich zur Ausfahrt des Flughafens. Dankbar reiche ich Archimedes zum Abschied die Hand, lobe noch einmal ausgiebig seine Tatkraft, ohne »seine« Idee mit dem Gabelstapler würde ich wohl noch eine Ewigkeit auf mein Jeepauto warten.

Langsam lenke ich den Wagen am Flughafen vorbei auf den großen Parkplatz, ich muß ein wenig suchen, bis ich eine Lücke finde, in der ich den Jeep abstellen kann. Ein ganzes Stück muß ich noch laufen, bevor ich meinen David und seinen Freund Tom unter einer mächtigen griechischen Eiche im Gras sitzen sehe. Jasper liegt lang ausgestreckt neben seinem Herrchen und schläft tief und fest, eine Schüssel voll mit frischem Wasser vor seiner Schnauze. Tom hat wirklich an alles gedacht. Als mein Mann mich sieht, erhebt er sich und kommt mir entgegen: »Marie, du Arme bist ja völlig hinüber.« Er nimmt mich zärtlich in den Arm und führt mich in den Schatten des Baumes. Tom hat eine Kühltasche dabei und reicht mir eine eisgekühlte Cola. »Cheers«, prostet er mir zu. Welch eine Wonne, bevor ich trinke, halte ich die kalte Dose an meine Schläfe. Das erfrischt, und während ich den Schatten und die Cola genieße, muß ich berichten, was ich in den letzten knappen zwei Stunden erlebt habe. Tom und Dave fragen mich regelrecht aus – mir soll noch mal einer erzählen, Frauen sind neugierig –, lachen sich schlapp über mein soeben Erlebtes. Es wird nun Zeit aufzubrechen, und so machen wir uns auf den Weg nach Mandouki, dem Hafenviertel von Chaotikis Stadt, wo wir die nächsten Monate zu Hause sein werden.

Mandouki

Langsam fahren wir auf der Uferstraße, die im großen Halbkreis um die Altstadt herumführt. Es ist zwar die längste, jedoch auch die schönste Strecke vom Flughafen nach Mandouki. Gemächlich fahren wir an der endlos langen Promenade entlang, vorbei an der Esplanade Platia und dem kleinen Yachthafen, hinter dem sich die alte Festung schützend erhebt. Das Meer glitzert in der Mittagssonne, eine leichte Brise sorgt für ein wenig Abkühlung. Als wir den alten Fährhafen passieren, taucht vor uns, am Ende einer riesigen Bucht, majestätisch thronend der höchste Berg Chaos' auf, der 906 Meter hohe Pantokrator, umringt von vielen kleinen Buchten mit malerischen Fischerdörfer. Nicht satt sehen können wir uns, so schön ist der Anblick.

Knappe zehn Minuten sind wir unterwegs, seit wir das Flughafengelände verlassen haben, als vor uns die neue Festung auftaucht, ein paar hundert Meter weiter kommt der neue Fährhafen im Stadtteil Mandouki in Sicht. Nun verlassen wir die Uferstraße und winden uns durch enge Gassen einen Hang hinauf, an dem die alten Häuser dicht an dicht, dem Meer zugewandt, kleben und uns in den vielfältigsten Farben entgegenleuchten. In den winzigen Vorgärten reihen sich bepflanzte Blechkanister und Tontöpfe aneinander, voll mit üppig blühenden Geranien und Margeriten. Vor den Hauseingängen sitzen ältere Leute auf den kühlen Stufen im Schatten der Häuser und schwatzen. Sie winken uns freundlich lächelnd zu, als wir vorbeifahren, und geben uns auf diese Weise zu verstehen, daß wir willkommen sind.

Eine letzte kleine Steigung, und Tom stoppt seinen Wagen vor einem grauen, kleinen, unscheinbaren Haus mit schiefen Fenstern und losen Dachziegeln. Im Vorgarten stehen schwer tragende Orangen- und Zitronenbäume, ein alter Weinstock mit großen, noch unreifen Trauben rankt sich am Giebel des Hauses empor. »Na, wenigstens sind wir mit reichlich

Vitamin C versorgt«, meint David, mein Schatz, während er unseren Jeep durch das Tor manövriert, das Tom freundlicherweise aufgeschlossen und geöffnet hat. Dicht am Haus stellt mein Mann das Fahrzeug ab, und wir beginnen, sehr gespannt, Tom voran, das Ausweichquartier zu begutachten. Der kleine Jasper tobt ausgelassen durch den großen, verwilderten Garten, der eine große Vielfalt an Obstbäumen beherbergt. Hier wachsen Orangen- und Mandarinenbäume, ein mächtiger Walnußbaum und ein steinalter Granatapfelbaum, ein kleines Paradies inmitten der Stadt, weitab vom Lärm der dichtbefahrenen Hauptstraßen.

Da der Haupteingang wegen Einsturzgefahr mit Brettern grob vernagelt ist, können wir den laut Tom »absolut noch sicheren Teil« des alten mausgrauen Hauses nur über die Terrasse betreten und stehen mit gemischten Gefühlen in der großen, nur mit dem Nötigsten versehenen Küche. Eine Tür verbindet die Küche mit den beiden winzigen, miteinander verbundenen Schlafräumen. Das weißgeflieste Bad grenzt ebenfalls an die Küche und ist über vier Treppenstufen abwärts zu erreichen. Tom und David wollen nun das Gepäck aus dem Auto holen. »Ich muß mal«, sage ich und beeile mich, ins Bad zu kommen.

Die Tür klemmt ein wenig, als ich sie hinter mir schließe. Wie ich so auf dem Klo sitze, entdecke ich, daß der Rahmen der Badezimmertür an beiden Seiten der Treppe bis an den Boden reicht und eine Höhe von etwa 2,50 Meter hat. Zieht man nun die Gesamthöhe der Treppe ab, etwa 80 Zentimeter bis 1 Meter, hat man das genaue Maß der Badezimmertür, von der Küche aus betrachtet. Fein, denke ich, das wird lustig, ich konnte ungehindert durch diese Tür schreiten, ich bin ja nur 163 Zentimeter klein, aber wie wird es meinem David ergehen, er mißt immerhin vom Scheitel bis zur Sohle 192 Zentimeter! Ich werde ein Warnschild an diese Zwergentür pappen müssen. Eine Autotür klappt, nach einer kleinen Weile höre ich plötzlich Jaspers wütendes Gebell und lautes Gelächter. Mein Mann und Tom lachen sich gerade kaputt, und das macht mich sehr neugierig.

Schnell will ich meine Hände waschen, aber leider kommt kein Wasser aus dem Hahn, ich bücke mich und drehe an dem Haupthahn, nun rinnt das Wasser spärlich aus dem Wasserhahn, dafür schießt es um so kräftiger unter dem Waschbecken aus der Wand, spritzt gegen meine Beine, und als ich entsetzt zur Seite springe, platscht es an die gegenüberliegende Wand.

Krampfhaft versuche ich den Haupthahn wieder zu schließen, ohne in den Wasserstrahl zu geraten. Der Hahn glitscht mir immer wieder aus der Hand, läßt sich so nicht bewegen. Mit einer Handvoll Klopapier versuche ich mein Glück noch einmal, und tatsächlich, der Hahn bewegt sich, dann knackt es ein wenig, und ich habe den Absperrhahn in der Hand. Das Wasser schießt unaufhaltsam aus dem Loch in der Wand, reicht mir schon bis an die Knöchel, fluchtartig verlasse ich, verzweifelt nach Dave rufend, Bad und Haus.

Jasper knurrt noch immer, scheint stinksauer zu sein, ich laufe in seine Richtung, und was ich da auf halber Strecke erblicke, läßt mich das unfreiwillige Wasserbad für einen Augenblick vergessen. Irre komisch ist die Situation: Mein Mann steht hilflos, vollbepackt mit einem Teil unserer Habseligkeiten, neben dem Wagen. Tom will helfen und versucht auch, einige Gepäckstücke aus dem Jeep zu nehmen, wird jedoch von unserem Jasper daran gehindert, auch nur ein Gepäckstück zu greifen. Der mutige Wachhund hat inzwischen auf einer leer geräumten Ecke der Ladefläche Platz genommen, kerzengerade und leise grummelnd sitzt er da, und Tom kann sich vor Lachen nicht einkriegen. Dabei ist unser Jasper eigentlich sehr freundlich zu jedermann, diese Seite kennen wir noch nicht an ihm. Aber wir sind sehr zufrieden mit der Aktion des kleinen Kerls und loben ihn tüchtig, wir wissen nun, er wird auch in Zukunft unser Eigentum streng verteidigen.

Plötzlich fällt es mir wieder siedendheiß ein »Das Wasser«,platzt es aus mir heraus. Tom sieht mich verständnislos an. »Das Bad steht bestimmt schon ganz unter Wasser!« wiederhole ich noch einmal auf englisch und drücke dem verdutzten Tom den abgebrochenen Hauptwasserhahn in die Hand. Tom reagiert geistesgegenwärtig, sofort sprintet er ins Haus, kommt ebensoschnell wieder herausgeschossen und rennt ums Haus herum in den Vorgarten. Dort hebelt Tom mit Hilfe eines großen Schraubenziehers eine einem Gullideckel ähnliche Eisenplatte aus dem Gehweg – neben dem vernagelten Eingang –, und der Hauptwasseranschluß mit einem faustgroßen, sehr rostigen Sperrhahn liegt frei. Nur mit Mühe gelingt es Tom, den Hahn zu schließen. »Na prima, Dusche, herrlich und schön, ade.« Der schwitzende Dave steht neben mir und sieht ein wenig traurig aus. »Ich weiß gar nicht, was du hast«, entgegne ich, »du kannst doch gleich von der Küche aus ins Bad springen und einen Schwimmzug machen, über Wassermangel im Bad können wir uns ja nun wirklich nicht beklagen.«

»Ha, ha«, macht Dave nur, und dann meldet sich Tom zu Wort: »Ist doch alles nicht so schlimm, Kinder, in einer Stunde, also um halb sechs, machen die Geschäfte wieder auf, ich werde nachher losfahren, Material kaufen und das Leck reparieren. Noch heute abend könnt ihr duschen, soviel ihr wollt.«

»Was?« ruft David erschrocken mit gehobener Stimme, »wie spät ist es jetzt?« Er schaut auf seine Uhr und wirft mir einen wirklich verzweifelten Blick zu: »Die kleine Vanessa steht und ist ganz verloren auf das Airport!« – Immer wenn mein Dave aufgeregt ist, verdreht er die deutsche Sprache – »Vanne ist bald 15, schon groß und ganz selbständig, wenn wir jetzt eine halbe Stunde später kommen, um sie abzuholen, macht das auch nichts, ist halt höhere Gewalt, und wir werden es ihr erklären«, versuche ich meinen Mann zu beruhigen. Dave erklärt seinem Freund kurz die Sachlage, und dann fahren wir beide, Jasper in Toms Obhut zurücklassend, im Eiltempo zum Flughafen.

Dort herrscht Hochbetrieb. Busse und Taxis stehen dicht gedrängt vor dem Flughafengebäude. David läßt mich vor der Ankunftshalle aussteigen, und während er den Wagen auf dem Parkplatz abstellt, mache ich mich schon mal auf die Suche nach Vanessa. In dem Menschengewimmel komme ich kaum vorwärts, und als ich es endlich geschafft habe, mich bis in die Halle vorzuschieben, höre ich beiläufig etwas von Maschine aus Hamburg und Verspätung. Vergeblich warte ich auf eine Wiederholung der Ansage, lasse mich von den nach draußen drängenden Menschen mitreißen und bin schneller wieder draußen, als ich reingekommen bin.

Dave erwartet mich schon, etwas abseits stehend vom Getümmel. »Hast du sie gefunden?« fragt er mich beunruhigt. Verneinend schüttle ich nur den Kopf. »Mit welcher Reisegesellschaft fliegt Vanne?« frage ich zurück, »mit TUI?« Mein Mann nickt, und wir streben auf den Stand der TUI zu, wo die Reisebegleiter auf ihre Schäfchen warten, um sie gebührend zu empfangen und in die gebuchten Hotels zu begleiten. Lächelnd wende ich mich an eine ganz nett aussehende, sehr adrett gekleidete TUI-Dame und erkundige mich nach der 16.30-Uhr-Maschine aus Hamburg. »Ach«, antwortet sie freundlich, »die Maschine verspätet sich um eine gute Stunde, in Hamburg war so ein fürchterliches Unwetter, und das Flugzeug konnte erst später als geplant starten.« – »Gott sei Dank«, atmet mein Mann erleichtert auf, und die TUI Dame traut ihren Ohren nicht: »Normalerweise ist es doch für die Wartenden eine Katastrophe, wenn Verspätung angesagt ist«, meint sie. Mein David erklärt ihr gelassen – im feinsten Hochdeutsch und ganz fehlerfrei: »Im Gegenteil, für uns ist das ein wahrer Segen.« Nun bedanken wir uns höflich bei der sprachlosen, sehr freundlichen TUI-Dame und suchen uns ein ruhiges Plätzchen, um bis zur Ankunft unseres Gastes noch ein wenig abzuschalten.

»Na ihr? Wartet Ihr vielleicht auf mich?« vernehmen wir plötzlich eine Stimme hinter uns. Es ist Vanessa, strahlend fällt sie uns abwechselnd um den Hals, wir sind erleichtert, sie endlich bei uns zu haben. »Eigentlich müßtest du doch noch in der Luft sein.« Dave weist mit dem Daumen gen Himmel. »Ja, das stimmt«, sagt Vanne überlegen, »wir sind mit einer Stunde Verspätung abgeflogen, aber hatten so tollen Rückenwind und haben wieder viel Zeit gutgemacht, und nun bin ich ja da!« jubelt sie. Das erklärt natürlich alles, und fröhlich machen wir uns auf den kürzesten Weg, quer durch die Stadt, nach Mandouki.

»Huch, wo bin ich denn hier gelandet«, ruft Vanessa, als sie aus dem Auto steigt und das graue Gemäuer betrachtet. Lange kann sie sich jedoch nicht wundern, Jasper kommt wie ein Irrwisch auf Vanessa zugerannt und begrüßt sie freudig, immer wieder springt er an dem Mädchen hoch und quiekt in den höchsten Tönen. Vanessa freut sich auch, den kleinen Freund wiederzusehen, und nimmt Jasper auf den Arm, »Tja«, meint sie vorlaut und sieht dabei Dave an, »meinen Koffer und den Rucksack mußt du nun leider ins Haus tragen, wie du ja wohl siehst, habe ich alle meine Hände voll«, und dann marschiert sie los in Richtung Haus. »Kesse Göre«, brummelt David und stöhnt, »das kann ja heiter werden.«

Eine angenehme Überraschung erwartet uns im Haus, unser treuer Tom hat es tatsächlich in der kurzen Zeit unserer Abwesenheit geschafft den Rohrbruch im Bad zu reparieren. Allerdings klafft jetzt in der Wand ein ziemlich großes Loch, und die Wasserrohre liegen zwar blank, sind aber zum Glück heil. Tom hat zwei kleine Paletten, die vorhin noch achtlos im

Garten herumlagen, ins Bad auf den Fußboden gelegt, so können wir es trockenen Fußes benutzen. Eine kleine Wasserpumpe surrt und saugt das Wasser vom Fußboden auf, durch einen langen, dünnen Schlauch wird es in die Wanne befördert, wo es gluckernd im Abfluß verschwindet. Tom zeigt auf die Pumpe. »Die braucht wohl noch eine ganze Weile, bis alles Wasser verschwunden ist, ich hole sie morgen ab. Wenn ihr wollt, kann ich auch gleich das Loch verputzen, aber unbedingt notwendig ist es nicht.«

»Ach, das Loch unter dem Waschbecken«, meint Dave, »stört bestimmt keinen von uns.« Er sieht Vanessa an und fragt ganz unschuldig: »Oder willst du da so ein bißchen unterm Waschbecken sitzen und das Loch ansehen, bis es dich stört?« Darauf reagiert Vanne ganz cool: »Ich hab' was Besseres zu tun; Dave, aber wenn du vielleicht Langeweile hast?«, und sie geht kichernd in die Hinterzimmer, kommt aber gleich darauf zurück und fragt mit unschuldiger Miene: »Wie lange schlaft ihr denn morgens immer?« Dave zwinkert mir zu: »Was meinst du, vielleicht bis zum Mittag?« »Waaaas?« ruft Vanne entsetzt, »so lange?«

»Na ja«, meint Dave mit todernster Mine, »wenn du so fürchterlich schnarchst, wie dein Bruder mir erzählte, werden wir wohl vor dem Mittagessen nicht aus den Federn kommen.«

»Also, der kann was erleben, so was zu behaupten, na warte!« schimpft Vanessa aufgebracht, die Arme in die Hüften gestützt.

»Laß dich von David nicht veralbern, Vanne, wir sind immer so zwischen sieben und acht Uhr auf«, beruhige ich sie.

»Das paßt mir aber prima, ich schlafe nämlich bis neun, und aus dem Grund muß ich nun leider das hintere Zimmer für mich beanspruchen, damit ich nicht andauernd von euch gestört werde, wenn ihr so früh auf seid«, ruft sie schlagfertig, dreht sich um und ist in der hinteren Kammer verschwunden.

»Auf den Kopf gefallen ist sie ja nun wirklich nicht«, meint Dave.

Freund Tom will aufbrechen, und wir begleiten ihn zu seinem Auto. Beim Abschied laden wir ihn und seine Frau Katie zum Dank in ein Restaurant zum Essen ein. »Fein, wir kommen gern«, freut sich Tom, »ich weiß ein nettes kleines Restaurant unten am Hafen, nur einen Steinwurf von hier entfernt, Katie wird begeistert sein. Es ist jetzt kurz vor sieben, wir kommen nachher so gegen zehn und holen euch ab«, verabschiedet sich Tom und fährt los.

»Schon so spät, die Zeit rennt aber heute«, seufze ich und gehe ins Haus, um nach Vanessa zu sehen. Sie ist in ihrer Kammer, hat sich fein gemacht und kämmt gerade ihr langes blondes Haar. Jasper rekelt sich in dem geöffneten, aber noch nicht ausgepackten Koffer, der achtlos auf dem Bett liegt. Er wälzt sich übermütig in Vanessas Kleidungsstücken. »Jasper, komm da sofort raus«, rufe ich ihn, aber Vanne fällt mir ins Wort: »Laß mal gut sein, mein kleiner Liebling darf das, bin ich fein genug zum Ausgehen?«

»Ganz fein«, bewundere ich den wirklich hübschen Teenager und mache ihr ein Kompliment, »so nehmen wir dich auch mit.«

Vanessa bedankt sich bei mir mit einem strahlenden Lächeln. Plötzlich hören wir einen dumpfen Knall und »Aua, verflixte Scheiße, tut das weh!« Wir sehen uns an und beeilen uns, in die Küche zu kommen. Da steht David, reibt sich mit einer Hand die Stirn und jammert, mit der anderen Hand deutet er auf die Tür des Badezimmers. Natürlich, er wollte eilig aufs Klo und hat vergessen sich in gebückter Haltung durch die Tür zu bewegen.

Nun beginnt die wehe Stelle an der Stirn zu schwellen und Vanessa klatscht einen eilig hergeholten, mit kaltem Wasser getränkten Waschlappen auf Daves Stirn mit den Worten: »Nun jaul mal nicht so, lauf lieber noch mal dagegen, dann hast du gleich zwei Hörner und kannst als Teufelchen gehen.« Das Bedürfnis, laut loszulachen, verkneife ich mir lieber, schließlich ist es eine ernste Situation. »Also, Einfälle hat das Kind.«

»Mein armer Liebling«, sage ich tröstend, »das wird Dir bestimmt kein zweites Mal passieren, dafür ist der Schmerz wohl zu heftig.« Aufmerksam betrachte ich Davids geschundene Stirn und sehe, daß wirklich eine hübsche Beule am Wachsen ist. In unserer Kammer liegt irgendwo das Erste-Hilfe-Köfferchen, ich wühle in den noch nicht ausgepackten Kartons herum, bis ich den Minikoffer gefunden habe. Ich verarzte meinen schwerverletzten Ehemann liebevoll – aber ganz fürchterlich vorsichtig, damit der Kopf nicht ganz abfällt!

In einer der Kammern klingelt das Telefon, und fast gleichzeitig versuchen wir drei, dem Gebimmel nachzugehen um den Apparat zu finden. Er steht auf dem wackligen Kleiderschrank in unserer, der ersten Kammer. David der Große kann ihn mühelos erreichen und hebt beim achten Klingelton ab. »Hallo?« und horcht. »Hallo Elke!« brüllt er in die Sprechmuschel, wo seid ihr denn?« und lauscht aufmerksam in den Hörer – Elke sucht wahrscheinlich gerade ihr abgefallenes Ohr –, dann sagt David: »Natürlich holen wir euch morgen nachmittag ab, bis dahin grüß mal den Michael,« und legt den Hörer auf. »Elke und Michael sind tatsächlich da, sind mächtig böse auf uns, weil wir sie nicht vom Flughafen abgeholt haben, aber das klären wir morgen. Sie wohnen in einer kleinen Pension in Vatos.«

Auf meine Armbanduhr schauend sage ich zu meinem leicht gehörnten Ehemann: »Wird Zeit, daß wir uns auch feinmachen, sieh mal Vanne an, die glänzt schon, gleich kommen Tom und Katie.« Dave stimmt mir zu, wir müssen uns jetzt wirklich beeilen, und mit vorsichtig eingezogenem Kopf, in tief gebückter Haltung, schleicht er ins Bad. »Hab' mich mal nicht gestoßen«, jubelt er. Vanessa sieht mich an, tippt sich wortlos an die Stirn und verdreht die Augen, mit dieser Geste trifft sie ausnahmsweise den Nagel auf den Kopf.

Es ist angenehm kühl, wir sitzen auf der Terrasse und genießen den Blick auf den hellerleuchteten Hafen. Etwas weiter draußen, im tieferen Gewässer, liegt ein großes Segelschiff, »ein Dreimaster«, erklärt Dave. Lichterketten schmücken die Masten und spiegeln sich in dem ruhigen Wasser. Es ist ein herrliches Bild. Die Luft ist so mild und duftet nach wilden Kräutern. Ab und zu huschen Fledermäuse lautlos über uns hinweg. »Haaach«, stöhnt Vanessa, »ist das schön, ich glaube, ich werde bei euch bleiben, bis zum Sankt Nimmerleinstag.«

»Fein, fein«, antwortet Dave, »aber nur wenn deine Mama mir erlaubt, dir ab und zu den Hintern zu versohlen, natürlich nur, wenn du frech bist.«

Vanne bläst die Wangen auf und läßt die Luft geräuschvoll entweichen: »Das wird dir nie nicht erlaubt.«

»Ach, aber alte Leute, wie mich zu veräppeln, das ist wohl erlaubt, wie?«

»Na, na, aber Dave-Schätzchen, welches böse Kind ärgert dich denn, hä?« frotzelt Vanessa und guckt ihn mit ihren großen blauen Augen treuherzig an, »ich doch wohl nicht?«

David versucht nun krampfhaft, ernst zu bleiben, räuspert sich und setzt zum Sprechen an: »Gleich werde ich wirklich ...«, weiter kommt er nicht, Vanne sieht ihn nun liebenswürdig, mit einem filmreifen Augenaufschlag an: »David, Schätzchen, vergiß dein Wort nicht, wir müssen nachher weiterreden. Jetzt habe ich gerade keine Zeit mehr, muß noch einmal in den Spiegel schauen, ob ich auch fein genug bin.« So nebenbei im Vorbeigehen tätschelt sie meine Schulter und auf Dave zeigend sagt sie: »Also, Marie, du mußt ihn nun wirklich nicht so verpäppeln, der kann ja rein gar nichts mehr ab«, und im weitergehen murmelt sie noch, »nicht mal die Rübe stoßen kann er sich, ohne zu jammern.« Nun ist es wirklich vorbei mit unserer gewahrten Fassung, wir müssen ganz einfach loslachen. Es kann ja noch heiter werden, gewiß aber unterhaltsam und schön, die Zeit mit der süßen, kessen Vanessa.

Ein Auto nähert sich und fährt auf den Hof, es sind Tom und seine Frau. Katie ist eine sehr sympathische Frohnatur, so um Mitte 50. Sie lacht verschmitzt, nachdem sie uns herzlich begrüßt hat, und bittet Dave, doch mal eben mit Tom die schweren Kartons aus dem Kofferraum des kleinen Pkws zu holen. Mir erzählt sie leise: »Habe so einiges, hauptsächlich aber Getränke, für euch eingekauft, und von mir sind zwei Kochtöpfe und eine Pfanne dabei. Für morgen nachmittag zum Tee habe ich einen Kuchen mitgebracht, selbst gebacken. Tom hat noch eine neue Flasche Gas besorgt, so habt ihr wenigstens das Nötigste im Haus, denn morgen haben ja die Geschäfte geschlossen.« Das hatte ich nicht erwartet. Ich bin gerührt über diese Geste, auch Dave ist hoch erfreut, und wir bedanken uns immer wieder. Ja, Tom und Katie sind wirklich einmalig.

»Vanessa!« rufe ich, während ich dem Hund die Leine anlege. »Wir wollen jetzt aufbrechen.« Unseren Jasper nehmen wir überall mit hin, er ist immer sehr brav und gehorsam. Zu Fuß wollen wir zum Hafen hinunterspazieren. »Es sind nur ein paar Schritte zu gehen«, versichert Tom, »höchstens zehn Minuten brauchen wir, wenn überhaupt.« Dave verschließt das Haus, unseren Jeep und hinter uns das große Tor. Gemächlich bummeln wir auf einem schmalen Pfad, der sich in sanftem Gefälle, durch wenige Treppenstufen unterbrochen, zwischen den Häusern hindurchschlängelt, hinunter bis zur Hafengasse. Hier, in der winzigen Gasse herrscht um diese Uhrzeit Hochbetrieb. Im Duft von gegrilltem Fleisch und Fisch, vermischt mit dem Gestank der Abgase von langsam vorüberfahrenden Autos, schieben und drängen sich Menschen verschiedener Nationalitäten. Musik aus den Bars vereint sich mit dem Lärm in der Gasse. Vanessa hat ihren Liebling, unseren Jasper vorsichtshalber auf den Arm genommen: »Er will ja nicht unter die Füße kommen und totgetreten werden, das arme Viech.«

Wenige Minuten später sitzen wir mit unseren Freunden auf der großen Terrasse eines Restaurants. Aus einer gegenüberliegenden Bar ertönen aus einem Lautsprecher typisch griechische Klänge. Glücklicherweise haben wir einen Tisch weitab von der Gasse gewählt, und hier ist es recht gemütlich. Katie und ich kämpfen mit den reichhaltigen Mahlzeiten auf unseren Tellern. Vanessa hat keine Probleme damit, ohne mit der Wimper zu zucken, stibitzt sie mal von meinem, mal von Davids Teller die eine und andere Leckerei. Damit füttert sie heimlich unseren unter dem Tisch wartenden Jasper. »Wir können doch nicht unseren kleinen Liebling zugucken lassen«, sagt sie trocken und schreckt nicht davor zurück, Tom ein zur Seite geschobenes, ungenießbares, verknorpeltes Fleischstück vom Tellerrand zu mopsen und unter den Tisch zu schieben. »Vanessa«, sage ich leise, das kannst du doch nicht machen.«

»Bleib ruhig, Mariechen«, flüstert sie mir zu, »die Kerle würden doch nicht mal merken, wenn ich ihnen den Teller klaue, die unterhalten sich doch nur.« Jetzt versucht David, böse auszusehen, und schaut Vanessa an. »Hallo Süßer«, gurrt sie, unschuldig dreinschauend, »schmeckt gut, gell?« und uns fehlen die Worte.

»Meine Güte noch mal«, meckert Vanessa ununterbrochen – sie geht zwischen Dave und mir, hat sich bei uns eingehängt –, »nun geht doch bloß mal einen Schritt geradeaus, ich, hicks, werd' noch seekrank, hicks, krank bei dem Getorkel.« Dann wird sie frech: »Hilfe, ich lass euch gleich alleine weiter durch die Gegend schaukeln, besoffen wie ihr seid, pfuigitt, ich glaub' ich hänge mich bei Tom und Katie ein.« Dave wird etwas energisch: »Vanessa, benimm dich jetzt, du bist die Spritamsel, nicht wir.«

»Jawoll, Papilein, gan…, hick, …z, wie du willst, Papilein«, kichert Vanne und geht ganz brav mit.

Vanessa hat heimlich von unserem Rotwein genascht und einen fürchterlichen Schwips. Leider bemerkten wir es erst, kurz bevor wir aufbrachen, als unsere Vanne plötzlich ununterbrochen kicherte. David roch an ihrem großen Glas und merkte sofort, daß es keine Cola war, er bestellte noch eine Cola für Vanne, um das Ganze etwas abzumildern. Ich hatte unseren Tisch nur für kurze Zeit verlassen. Als ich wiederkam und wir uns noch mal auf den schönen Abend zuprosteten, schmeckte mein Rotwein sehr verdächtig nach sprudelnder Cola. Vanne hatte auch die neue Cola einfach mit meinem Wein vertauscht. Zu Hause angekommen, brachte ich Vanessa sofort ins Bett, keine fünf Minuten später schnarchte sie, wirklich, wie der alte Mops meiner Tante Frieda in Buxtehude. Wie war das doch gleich mit dem Schnarchen?

Es ist ein herrlicher Morgen, wir drei sitzen in Badeklamotten auf der Terrasse und schmieden Pläne für den heutigen Tag. Einstimmig beschließen wir, in Glyfada schwimmen zu gehen, auf dem Weg dorthin kurz in Vatos bei Elke und Michael vorbeizuschauen. Vanessa und ich lösen Kreuzworträtsel und Dave sucht in unseren Papieren nach den Bauunterlagen, die ja irgendwo sein müssen. Jasper hopst mit allen vieren zugleich im Garten herum und versucht, Eidechsen zu fangen, was ihm natürlich nicht gelingt. »Oh, schau mal, Marie, da kommt eine Riesenfähre.« Vanessa ist beeindruckt von dem mächtigen Schiff. Tatsächlich kommt langsam eine große Fähre in die Bucht gefahren. Auf einmal hören wir ein fürchterliches Gepolter von der offenen Terrassentür und gleich darauf meinen David laut fluchen. »Nee, nicht schon wieder«, Vanessa grinst mich an, »oder etwa doch?« »Na klar doch«; antworte ich. »Also, wenn der so weitermacht, stürzt das Haus bald ganz ein«; gibt die Kleine von sich. »Wer stürzt ein?« Dave ist herausgekommen – und hält sich eine eiskalte Flasche Bier an die Stirn. Vanessa antwortet wie aus der Pistole geschossen: »Wir kaufen dir einen Sturzhelm, und ohne den darfst du nicht mehr im Haus rumlaufen.«

»Ja, ja«, meint Dave, »wer den Schaden hat ...«

Vergeblich haben wir in Vatos haltgemacht, wir treffen meine Kusine und ihren Gatten leider nicht an, und so fahren wir weiter zum Strand nach Glyfada. »Oh, guck doch mal, ist das aber schön«, ruft Vanessa aus, als wir die letzte Serpentine nehmen und der Berg den Blick auf die herrliche Bucht von Glyfada mit dem langen Sandstrand freigibt. Dave stoppt den Jeep, und wir verweilen ein wenig, um das traumhafte Panorama zu genießen.

»Übernachten wollen wir hier aber nicht, gelle?« äußert sich unverkennbar unser Gast. »Oder möchtet ihr hier gar Wurzeln schlagen?« David steigt aus, geht um das Auto herum und öffnet die Beifahrertür: »Bitte, junge Dame, vielleicht geruhen das gnädige Fräulein lieber zu laufen?«

»Nee, nee, laß mal, heute nicht, 'n anderes' Mal ... vielleicht!« Mademoiselle geruht das letzte Wort zu haben, wie immer.

Faul liege ich im warmen Sand und schaue zu, wie Dave und Vanne im seichten Wasser mit dem Frisby spielen. Jasper versucht krampfhaft, das kleine UFO im Flug zu fangen, klappt aber nicht, und übermütig rennt er kläffend hinterher. Es sind noch nicht viele Badegäste hier, es ist wohl noch zu früh am Tag. »Oh, Mannonoman, bin ich alle.« Vanessa läßt sich neben mir in den heißen Sand fallen und stöhnt: »Außerdem bin ich total hungrig.«

»Obst?« frage ich und biete dem armen Kind einen saftigen Apfel an, ist ja nicht mit anzusehen, wie das Mädel hungert. Dave kommt aus dem Wasser und jammert auch: »Hast du für mich auch was zu futtern? Ich falle gleich vom Fleisch.«

»Wie wäre es mit Bratkartoffeln und Spiegelei?« Zwei Augenpaare leuchten auf; und eilig wird das nasse Badezeug mit den Sonntagsklamotten vertauscht. »Bratkartoffeln und Spiegelei, da müssen wir uns aber beeilen, gell? Nun tüddelt mal,'n bißchen zu«, mahnt Vanessa, »so alt seid ihr ja nun auch wieder nicht.« Sie muß wirklich sehr hungrig sein, denke ich.

Das Telefon läutet, als wir die Küche betreten, und Vanessa nimmt das Gespräch an. »Elke, für dich«, sagt sie und reicht mir den Hörer. Meine Elke ist wirklich stinksauer wegen gestern, ich kann sie nur schwer beruhigen. »Es tut mir wirklich leid, daß wir gestern so gepennt haben, Elkelein«, sage ich kleinlaut. »Ach, hör doch auf, Marie.« Elke ist wirklich böse. »Seid ihr wenigstes jetzt in der Lage uns abzuholen? Wir warten auf euch vor der alten Festung, in einem roten Fiat Uno!«

»Aber ja doch, David fährt sofort los«, verspreche ich und beende das kurze Gespräch. Nur ungern breche ich mein Versprechen – habe selber Appetit – und drücke jedem der beiden Ausgehungerten ein Butterbrot in die Hand. Während Dave und Vanessa losfahren, um Michael und Elke wie versprochen abzuholen, habe ich genügend Zeit, mich ganz feinzumachen.

Inzwischen brodelt das Wasser im Kessel, ich brühe Kaffee auf und schneide den Kuchen auf, den Katie für uns gebacken hat.

Es dauert auch nicht sehr lange und ich begrüße meine Elke, wir nehmen uns liebevoll in den Arm, und alles ist wieder gut. Erleichtert bitte ich alle, an dem Tisch auf der Terrasse im Schatten des Walnußbaumes Platz zu nehmen. »Also, nein, wie seid ihr denn ausgerechnet auf Chaos gekommen, das ist doch die ungriechischste aller griechischen Inseln überhaupt. Unmöglich, hier gibt es ja nicht einmal einen richtigen einen Strand«, legt Elke los, »da, wo man einen Strand vermutet, kann man ja nicht mal bis ans Wasser kommen, die Autos stehen ja schon kilometerweit Schlange und parken. Also, einfach unmöglich, wenn ich da an Thassos denke, da kann man überall an den Strand kommen und die Insel sogar darauf umrunden!« – Jetzt muß Elke direkt einmal tief Luft holen. David beruhigt sie mit dem Versprechen: »Morgen so ab elf Uhr vormittags holen wir euch in Vatos ab und machen eine kleine Tour, wir können euch so einiges zeigen.«

Dann berichtet er von dem Wasserschaden im Bad, erhebt sich und winkt Michael heran. Mein Mann möchte Michael an Ort und Stelle näher informieren. Während David schon im Haus verschwindet, bleibt Michael noch einmal stehen und schaut sich um, da poltert es auch schon wieder, und mein armer David verlangt lautstark nach einem Sturzhelm. Elke und Michael schauen verständnislos drein, und Vanessa erklärt eifrig: »David ist aber auch zu schusselig, lernt es einfach nicht, sich zu ducken, wenn er durch die Tür ins Bad geht. Dauernd stößt er sich die Birne; wenn der so weitermacht, können wir ihn morgen zum Ausbeulen in die nächste Werkstatt bringen.« Wir bedauern den armen Dave mit fröhlichen Gesichtern, Michael begibt sich ins Haus, um sich die Sache mal näher zu betrachten. Nach einer Weile kommt er lachend wieder heraus und verkündet laut: »Das ist hier nicht Mandouki, es heißt Mann-duck-dich!«

Und dann ist da noch ...

die Sache mit unserem Jeepauto, Sie erinnern sich? Die armen Zollbeamten am Flughafen hatten keine Ahnung, was sie mit den Papieren machen mußten, damit wir den Wagen ordnungsgemäß in Chaos zulassen können.

Achselzuckend erteilten sie uns den Rat, uns mit den Unterlagen an das Büro des Hafenzollamtes zu wenden. Was wir auch gleich am darauffolgendem Dienstag nach unserer Ankunft taten.

Pünktlich um neun Uhr morgens stehen wir im Büro des Hafenzolls. In Bergen von verstaubten Ordnern suchen wir nach einer Spur vom Personal, und endlich, hinter einem Stapel Schnellheftern werden wir fündig. Eine nette junge Dame, so um die 40, sieht erstaunt von ihrer Tätigkeit auf und fragt nach unserem Begehren. Etwas verlegen schiebt mein Dave die Papiere über den Tresen, und die Dame beginnt – mit hochgezogenen Augenbrauen – die Unterlagen zu lesen. Jedenfalls tut sie so, sie schüttelt mehrere Male den Kopf, und nun ruft sie nach einem Kollegen, der unvermutet aus einem anderen Versteck hervorkommt. Der Herr nickt uns aufmunternd zu, übernimmt die Papiere und ist somit für uns zuständig, denken wir. Der freundliche Herr vom Zoll studiert unsere Papiere ausgiebig, telefoniert, studiert, verschwindet hinter einem Stapel Ordner, wo wir einen weiteren Kollegen vermuten. Nach etwa 22 Minuten kommt selbiger Herr mit sorgenvoller Miene zu uns zurück und händigt uns die Unterlagen wieder aus. Erzählt dabei für uns Unverständliches in griechischer Sprache, dann brüllt er lautstark durch den ganzen Saal: »Spyro!« Die Wirkung ist verblüffend, plötzlich sehen wir tatsächlich ungefähr vier Köpfe und nach einer Minute auch die passenden Menschen dazu – die bisher hinter den Ordnern versteckt waren – auftauchen. Eine kurze Diskussion bricht aus, und während derselben verschwinden drei Köpfe, einer nach dem anderen, mit den dazugehörigen Spyros wieder hinter den Ordnern. Spyros Nummer vier kommt an den Tresen, hört unserem »sorgenvollen Herrn« aufmerksam zu und übernimmt unser Anliegen. In vertrautem Englisch stellt er sich vor: »Ich bin Spyros,« und er fragt nach unserem Wünschen. »Uns schicken die Kollegen vom Flughafen, wir sollen unseren Jeep hier deklarieren«, erklärt mein Dave – schon etwas genervt –. Aha, denkt Spyros und wendet sich dolmetschend an den »Sorgenvollen«. Der pflückt nun sehr sorgfältig unsere Unterlagen auseinander und ist völlig überfordert. »Da fehlt das Ticket von dem Fährschiff, mit dem sie gekommen sind«, übersetzt Spyros uns. »Es gibt kein Ticket vom Fährschiff«, sagt David eine Spur zu leise – er steht kurz vor der Explosion, Alarmstufe spätgelb-, »weil wir mit dem Flugzeug gekommen sind, verstehen sie Spyro? mit dem

Airoplano!« setzt David wieder etwas lauter hinzu – Warnstufe hellrot. Ratlos schaut Spyros nun in die Papiere, als wären sie durchsichtig, und ich ergreife das Wort bevor Warnstufe dunkelrot aktiviert wird: »Unser Jeep ist auch mit dem Flugzeug gekommen, wir haben es auch gleich den Kollegen am Flughafen gemeldet.« Dabei lächle ich zuvorkommend. Spyros wendet sich wieder an seinen sorgenvollen Vorgesetzten und hört dessen Ausführungen genau zu. Der Boß entschwindet kommt aber nach einer kurzen Weile mit dem Oberboß und drei Pappbechern, gefüllt mit dampfendem Kaffee, zurück. Der Oberboß begrüßt uns freundlich per Handschlag, überreicht David und mir einen Becher Kaffee, bittet uns, in einer schäbigen, verqualmten Sitzecke Platz zu nehmen, dann scheucht er den Unterboß und seinen Untergebenen zurück an die Arbeit. – Immerhin ist es schon fast zwölf Uhr mittags. Der hohe Chef fragt nach unseren Namen und stellt sich seinerseits mit »Vasilis« vor. Vasilis ist nicht oberflächlich, er fragt, er studiert unsere Papiere, läßt sich unsere Pässe zeigen, geht kurz telefonieren und kommt nach einer Dreiviertelstunde mit einem sehr jungen Mann zurück – ist wahrscheinlich der Lehrling vom Zollhandwerk –, und mit den Worten: »Jorgos wird euch zu meinem Chef bringen, der weiß schon Bescheid« verabschiedet sich Vasilis auch schon wieder. – Mein David zittert beachtlich, und ich greife beruhigend nach seiner Hand.

Der Lehrling bittet uns, ihn zu begleiten. Erschöpft verlassen wir das Hauptbüro des Zolls. Zu unserem Leidwesen müssen wir auf die andere Straßenseite, wo sich in einem riesigen langgestreckten Häuserblock ein Geschäft an das andere reiht. Da gibt es Wechselstuben, Büros von Autoverleihfirmen, Reisebüros, Cafés und ein Papierwarengeschäft. Wir haben Zeit uns diese Ladenzeile einzuprägen, denn wir müssen endlos warten, bis wir die dichtbefahrene Hafenchaussee überqueren können. Da, endlich, eine Lücke zwischen nicht gerade langsam fahrenden Autos, und Jorgos schiebt uns hastig über die Fahrbahn. Wir wenden uns nach links und gehen in ein – wir können es nicht fassen – Reisebüro! Dieser Laden ist ein getarntes Büro des griechischen Zolls. Dort werden wir überschwenglich begrüßt, so als wären wir alle gute Freunde, strahlend kommt der Chef der Oberbosse auf uns zu: »Ihr seid also David aus England und Marie aus Deutschland, habt ihr Hunger?« David aus England denkt: »Ja, also wenn er mir schon so fragen tut«, sieht mich hoffnungsvoll an und antwortet für uns beide: »Eine Kleinigkeit könnten wir schon vertragen!«

»Das paßt mir aber gut«, sagt der Chef, »dann fahre ich jetzt auch zum Essen nach Hause, wir treffen uns morgen früh um zehn gleich hier in meinem Büro wieder, o.k.?«, und bevor wir uns berappeln verschwindet er auch schon, der Chef der Oberbosse.

An einem Telefonhäuschen halten wir kurz, um Vanessa anzurufen, die in Mandouki Jasper hütet und auf unsere Heimkehr wartet. »Mach dich fein, wir holen dich und Jasper gleich ab, wir werden zum Essen nach Glyfada fahren«, sage ich und wir machen uns auf den Weg, Kräfte sammeln für den nächsten Tag ab zehn.

An diesem Morgen hat mein Gatte absolut keine Lust, seine so kostbare Zeit des Faulenzens mit mir auf dem Zollamt zu vertrödeln, ich merke das sehr wohl, weil er nörgelt: »Irgendwie geht es mir ja gar nicht so gut.« Auf dem Ohr bin ich aber taub, wenigstens so lange, bis wir beide im Jeep sitzen und gemeinsam ins Reisebüro zum Zollchef fahren.

Kurz vor zehn betreten wir den Laden, rauchende und Kaffee schlürfende Beamte begrüßen uns müde. Ein dicker Herr mit Lockenkopf serviert uns, ohne vorher gefragt zu haben, Kaffee in echten Tassen, sogar mit Untersetzer, mit den Worten: »Der Chef wird in etwa einer halben Stunde kommen, ihr möchtet bitte warten.« Umständlich zieht er eine Packung Marlboro hervor und bietet uns eine Zigarette an, wir sind leidenschaftliche Nichtraucher und lehnen dankend ab. David ist schon wieder sehr ungehalten und murmelt: »Das hab' ich mir doch gleich gewußt.« Freundlich frage ich, »Was hast du gewußt Schatz? Daß sich der Chef verspätet? Das kann doch passieren.«

»Das auch, Süße, aber mal ehrlich, die verarschen uns doch, oder?«

»Das glaube ich nicht, die tun doch nur ihre Pflicht, so gut es eben geht.«

Mein Gatte holt tief Luft, pikst mit seinem Zeigefinger in meinen Arm und zischt: »Da kommt er.«

»Hallo, da seid ihr ja schon«, begrüßt uns der adrett gekleidete Chef. »Tut mir leid, daß ich später komme, ich bin in eine Polizeikontrolle geraten, und die haben nun mein Auto mit zur Wache genommen, weil ich meine Papiere nicht dabeihatte.« Der Chef entschuldigt sich kurz bei uns und erzählt seinen Untergebenen von dem Vorfall –glauben wir jedenfalls –, und ein fürchterliches Gejauchze bestätigt unsere Vermutung. Jetzt geht er zum Telefon, er ruft seine Gattin an. Die muß nun die Hausarbeit sausen lassen und auf »Anordnung von ganz oben« die Papiere, so schnell es geht, vorbeibringen. Endlich, endlich hat der Chef nun Zeit für uns, bittet uns in sein elegantes Büro.

Dort nehmen wir wieder Platz und auf den Schreck muß der Chef sich erst mal »einen« genehmigen. Jedenfalls holt er zwei blankpolierte Wassergläser und eine Flasche Metaxa aus seinem Schreibtisch, langsam schenkt er die Gläser halb voll. David fallen bei dem Anblick fast die Augen aus dem Kopf. Mir schiebt der Chef einen Schokoladenriegel über den Tisch und meinem Mann eins von den beiden Gläsern, er prostet uns zu: »Herzlich willkommen in Chaos, ich heiße Spyro und werde euer Problem augenblicklich lösen.« Er trinkt und verschluckt sich prompt, als er sieht, wie Dave mir, ohne getrunken zu haben, das Glas in die Hand drückt und meinen Schokoladenriegel klaut. »Jamas«, sage ich fröhlich zu Spyros, »ich bin die Marie aus Hamburg.«

»Jamas«, sagt Spyros prustend, und von da an ist mein armer David Luft für ihn. Als ich meinen vermeintlich Armen darauf anspreche, murmelt er leise: »Das ist doch den Allerbesten, was mich passiert hat.« – Aufgeregt ist er! –

Zu mir ist Herr Spyros doppelt liebenswürdig und macht mir erst einmal ein dickes Kompliment, während er in meinem Paß blättert – er hat soeben mein Geburtsdatum entdeckt. Nun darf ich ihm die Geschichte unserer Einreise noch einmal – dieses Mal ohne Unterbrechung – schildern. Während er aufmerksam zuhört, feuchtet er seine Daumen mit der Zunge an, zwirbelt sorgsam seinen Schnauzbart und biegt die Enden nach oben. So, nun ist er fein und meine Geschichte erzählt. »Hmm«, Spyros sichtet die anderen Dokumente, »da fehlt aber der Einreisestempel von den Flughafenkollegen«, stellt er fest, »so kann ich das nicht akzeptieren.«

»Ach«, sage ich, »das können die doch nachträglich machen« und muß mich gleich wundern, denn Spyros runzelt die Stirn: »Das geht nun leider überhaupt nicht, ihr seid am Samstag gekommen, heute ist Mittwoch, der Stempel muß von Samstag sein, mit den Flugtickets übereinstimmen.«

Haben wir uns verhört? Das können wir nicht glauben, sind baff, und mein David steht, wie ich an seiner Halsschlagader erkennen kann, kurz vor der Explosion. Wie es scheint, hat Spyros eine glänzende Idee, er greift zum Telefon, wählt eine sehr kurze Nummer und erteilt einen sehr kurzen Befehl, scheint es. Eine Minute später kommt der dicke Lockenkopf herein, und Spyros bittet meinen David – dafür ist mein armer Liebling gut genug – um 30.000 Drachmen, circa. 180,- Mark. Nur widerwillig rückt mein Gatte die Kröten heraus. Der dicke Herr vom Fußvolk nimmt das Geld und verschwindet eilig. Inzwischen hat Spyros noch Metaxa nachgeschenkt, und nun will er mit mir auf seine – was weiß ich denn für eine – geniale Idee anstoßen. So langsam habe ich schon einen gewaltigen Schwips und verspüre Appetit auf etwas Herzhaftes, proste ihm aber weiter tapfer zu.

Jemand klopft zaghaft an die Tür, und eine elegante, sehr junge Frau Spyros tritt ein, sie legt eilig die Fahrzeugpapiere ihres Gatten auf den Tisch, begrüßt uns knapp und ist schon wieder verschwunden. Nun hat Spyros wieder gute Laune, er legt sein Gesicht in tausend Falten und lacht uns an.

Inzwischen ist der Dicke wieder da, er drückt meinem verdatterten David ein Ticket für die Fähre in die Hand. Geschäftig erklärt Spyros: »Siehst du David, das ist ganz einfach, du fährst heute abend um halb elf mit der Fähre nach Italien, nach Brindisi. Die Fahrt dauert ungefähr acht Stunden, dann bleibst Du einen Tag da und kaufst am Abend in Brindisi ein Ticket nach Chaos, aber laß das Auto mit eintragen auf das Ticket. Wenn alles klappt, bist du übermorgen früh um sechs wieder hier, gehst sofort zum Zollbeamten, der an der Fähre wartet. Dem gibst du das gestempelte Ticket und die Papiere vom deutschen Zoll und das Schreiben vom griechischen Konsulat in Hamburg. Den Fahrzeugbrief und Schein zeigst du nur vor, der Kollege trägt da das Einreisedatum ein und quittiert dir auch den Empfang der anderen Unterlagen. Brief und Schein mußt du übermorgen hier wieder abgeben. Der Kollege gibt dir noch eine Einreisebescheinigung und die brauche ich auch.« Angestrengt versuche ich, Spyros Anweisungen zu folgen, aber irgendwie kriege ich nicht alles so richtig mit, bin etwas zu besoffen. Mein David droht vom Stuhl zu kippen, und ich reiche ihm mein noch viertelvolles Glas mit dem Metaxa. Er kippt den doch glatt in einem Zug hinunter – das entspricht nun wirklich nicht seiner so feinen englischen

Art. Normalerweise trinkt er nie so früh und viel – der Schnaps wirkt aber und mein Liebling bekommt wieder Farbe. Spyros erhebt sich und verabschiedet sich von uns, freudestrahlend. »Also alles Gute, bis übermorgen um zehn Uhr hier in meinem Büro.«

»Nein, was ist er doch für'n tüchtiger Kerl«, sage ich und ernte einen vernichtenden Blick von meinem Süßen. Wir wollen schnell nach Hause, David will sich ein wenig ausruhen und vorschlafen, sich fit machen für den Italientrip. Nur allzugern würde ich jetzt in meinem Bett liegen und meinen Rausch ausschlafen. Tapfer streiche ich derweil Brote für meinen armen, so arg gebeutelten Liebling und lege noch zwei Frikadellen von gestern dazu. Na, denke ich, der hat es vielleicht gut. Kann mal eben so nach Italien fahren, und was machen Vanne und ich hier so allein und ganz ohne Auto?

Rasch ist die Zeit vergangen, mein David ist vor einer halben Stunde glücklich aus Italien zurückgekehrt. Er ist total kaputt, weil er kaum geschlafen hat, und nun muß er erst einmal duschen. Vanessa und ich bereiten inzwischen das Frühstück, und dann sitzen wir drei gemütlich auf der Terrasse in der Sonne beim Kaffee. »Heute mache ich nichts mehr, ich will nur noch schlafen. Du kannst das ja auch heute beim Zoll erledigen, die nötigen Papiere habe ich alle für dich bereitgelegt.« Vanessa sieht nachdenklich aus und druckst herum: »Fahren wir heute auch nicht zum Schwimmen?« Ich beruhige die Kleine: »Wenn wir uns beeilen, kann ich dich noch schnell nach Gouvia an den Strand fahren. Es liegt ganz in der Nähe an der Nordostküste und ist nicht ganz so schön wie Glyfada, zum offenen Meer hin, aber du kannst schwimmen, und ich kann dich beruhigt allein dort lassen, es gibt da nämlich keine so gefährlichen Strömungen.« Vanessa strahlt mich an, wie ein Wiesel saust sie ins Haus und packt eilig ihre Sachen. Meinem David fallen schon die Augen zu im Sitzen, und ich scheuche ihn ins Bett. Es dauert keine fünf Minuten, da schnarcht er schon, mit Jasper im Arm um die Wette.

»Hier hast du noch ein wenig Geld, es könnte sein, daß ich mich gewaltig verspäte, um dich abzuholen. Notfalls nimmst du bitte ein Taxi und fährst heim, ruf aber bitte unbedingt vorher hier an und gib Dave Bescheid«, sage ich, »damit ich nicht vergeblich komme. Zuerst schaue ich zu Hause vorbei, könnte sein, daß David mitkommen möchte um dich abzuholen.« Vanessa freut sich über den Vorschlag und dankbar zottelt sie mit der schweren Badetasche den Weg zum Strand hinunter. Sie wird sich ganz schön wundern, denke ich, wenn sie die Cola und das Lunchpaket findet.

Es ist schon nach zehn, als ich vor dem Zollgebäude parke und in das »Reisebüro« gehe. Herr Spyros ist guter Laune, als ich ihn aufsuche. Er verlangt meine Fahrzeugpapiere, den Fahrzeugbrief, den Schein und die Originalrechnung vom Fahrzeughändler. Dafür bekomme ich eine Quittung und auch Fotokopien von allen Dokumenten, die ich dem Zoll überlassen muß. Eine knappe Viertelstunde später begleitet mich Spyros zu meinem Auto und vergleicht die Fahrgestell- und die Motornummer des Jeeps mit den Nummern im Fahrzeugbrief. Er dokumentiert alles sehr sorgfältig, dann schraubt er die deutschen Kennzeichen vom Jeep ab. Gemeinsam gehen wir in das große Zollbüro auf der anderen Seite der Chaussee. Eine ganze Weile muß ich warten, bevor ich die handschriftliche Erlaubnis bekomme, unseren Wagen – vorerst ohne Kennzeichen und Papiere – auf der Insel zu fahren. In meinem Paß wird der Vorgang vermerkt und mit vielen Stempeln abgesegnet. »Ich rufe dich an, wenn die griechischen Papiere für dein Auto da sind«, sagt Herr Spyros, gibt mir die Hand und wünscht mir und meinem David viel Glück. Es wird noch etwa zwei volle Monate dauern, bis der ganze Vorgang in Athen vom griechischen Generalzollamt bearbeitet ist, die Nummernschilder und der Fahrzeugbrief werden von Athen aus nach Deutschland zurückgesandt.

Endlich geschafft, ich stehe neben meinem Jeep und atme erst einmal tief durch, bevor ich mich auf den Heimweg mache.

Die letzten vier Tage waren für David und mich sehr anstrengend gewesen dieser fürchterliche Streß wegen des Jeeps hat uns geschafft. Nun liegen wir alle in unseren Betten und lesen, wir sind müde und wollen einfach relaxen, einmal vor Mitternacht schlafen gehen. Am Nachmittag haben wir zusammen noch Vanessa aus Gouvia abgeholt und anschließend noch einen kleinen Stadtbummel gemacht.

Durch die geöffneten Fenster dringt das laute, monotone Zirpen der Zikaden und macht uns schläfrig. Aus Vanessas Kammer vernehmen wir ein leises, gleichmäßiges Schnarchen, das Mädel ist müde vom Schwimmen und schläft schon tief und fest. David gibt mir einen Gutenachtkuß und löscht das Licht. Morgen wollen wir endlich einmal unser Grundstück aufsuchen und sehen, wie weit der Neubau gediehen ist. Ein Jammer, nun sind wir morgen schon acht Tage auf der Insel, und nicht ein einziges Mal konnten wir unser kleines Paradies besuchen und dort nach dem Rechten schauen. Ich gähne noch einmal herzhaft, vor Müdigkeit fallen auch mir die Augen zu.

Was war das? David hat die Nachtlampe eingeschaltet und sitzt genau wie ich völlig erschrocken aufrecht im Bett. »Hast du das auch gehört?« fragt er mich. »Das war ja ein Höllenlärm.«

»Es war nicht zu überhören, könnte ein Flugzeug gewesen sein«, sage ich.

»Glaube ich nicht, Marie, wenn es so wäre, müßten wir doch jetzt noch etwas davon hören.«

Dave hat recht, ich schaue auf die Uhr, es ist zwei Uhr nachts, und nun sind wir hellwach. Laut gähnend erhebe ich mich, gehe kurz ins Bad, und auf dem Rückweg durch die Küche nehme ich zwei Gläser und unseren Metaxa mit ins Schlafgemach. David strahlt, als er mir die Flasche abnimmt und einen kleinen Schluck in jedes Glas einschenkt. Wir prosten uns zu, und mittendrin hören wir immer lauter werdenden Motorenlärm, wir springen aus den Betten und rennen auf die Terrasse, ein riesiges Flugzeug kommt direkt aufs Haus zu, das Fahrwerk scheint das Dach zu berühren, da ist der enorme Lärm schon direkt über uns, steigert sich noch, als die Düsentriebwerke aufheulen, abgebremst werden. Urplötzlich verstummt der Lärm wieder, wir hören nur noch wie die Maschine ein paar Kilometer weiter aufsetzt, und nun ist es wieder mäuschenstill. Wie vom Donner gerührt, stehen wir da, ist es nun ein Alptraum oder Wirklichkeit, nach einem zweiten Metaxa, auf der Terrasse genossen, kommt ein dritter Düsenjet heran und donnert über uns hinweg, 15 Minuten später ein vierter. ein fün..., ein se...

Also, kein Alptraum, leider!

Es ist immer die Nacht von Freitag auf Samstag, sollten wir ein paar

Wochen später erfahren, in der die Briten ihre Touristen einfliegen. Alle anderen Fluggesellschaften schicken ihre Flieger tagsüber auf die Insel, und je nach Windrichtung liegt Mandouki von Mai bis Oktober manchmal mehr, manchmal weniger in der unmittelbaren Einflugschneise, ist die verlängerte Landebahn des Flughafens.

Na denn prost! Vanessa hat von der nächtlichen Ruhestörung überhaupt nichts mitbekommen, sie schläft wie ein Murmeltier, man könnte sie direkt klauen. Die restlichen Stunden der Nacht verbringen wir mit Lesen. Morgen sehen wir dann weiter.

Waschtag

Meine Güte, was ist denn das für eine Einöde? Ich fasse es nicht, wollt ihr hier wirklich, ganz in echt; einmal herziehen?« Vanessa kann nicht glauben, daß wir ausgerechnet in dieser Gegend einmal wohnen wollen. Endlich sind wir unterwegs zu unserem Grundstück, rollen gerade langsam den alten, ausgefahrenen Feldweg entlang, der von der Dorfstraße abzweigt und sich etwa 200 Meter hinter unserem Grundstück gabelt. Der linke Weg mündet etwa nach einem Kilometer wieder in die Dorfstraße. Die rechte Abzweigung endet ein paar Kilometer weiter auf dem Hügel mitten in der Natur. »Wir sind bisher nur an vier Häusern vorbeigefahren, kommen noch mehr?« will Vanne nun wissen. »Ja Mädel, wenn unser Haus fertig ist, sind es fünf« antwortet mein Mann. Für uns war es überhaupt kein Thema, wir wollten weitab vom Touristenrummel leben, in der unberührten Natur und als wir uns für dieses Grundstück entschieden, war auch die zentrale Lage ausschlaggebend.

Nun sind wir da, in unserem kleinen Paradies, 2500 m^2 eingezäunte Wiese, umsäumt von mächtigen Olivenbäumen, Eichen und Zypressen. Wo man hinschaut, Natur pur, wilde Gräser, Bambus, Farne und die vielen wilden Blumen, die ich zuletzt in meiner frühen Kindheit sah, in der Feldmark. Ja, damals, als in den Randgebieten Hamburgs die Natur noch in Ordnung war.

Etwas enttäuscht sind wir schon, denn viel hat sich hier trotz Bauauftrag nicht getan. Der Rohbau sollte laut Bauingenieur schon bei unserer Ankunft fertig sein. Nun ist nur das Fundament vorhanden, sonst nichts. »Der hat vergessen, euch mitzuteilen, in welchem Jahr ihr kommen könnt.« Das war unverkennbar Vanessas kesse Schnute. »Da hast du wirklich recht«, Dave ist mürrisch, »der kann was erleben.« Mir tut der Ingenieur jetzt schon leid, wenn mein David erst einmal sauer ist, möchte ich nicht in der Nähe sein. »Aber vielleicht gibt es dafür ja einen Grund, daß hier nicht weitergearbeitet wird.« Dave sieht mich an und gibt zu: »Kann sein, daß du recht hast, wir werden ja sehen. Nachher rufe ich den Herrn von unterwegs an, ihm sagen, daß wir da sind und noch heute abend vorbeikommen.«

»Das ist eine gute Idee, so machen wir's, ich gehe derweil durch die Altstadt bummeln und Souvenirs kaufen, gell?« Unsere Frohnatur wirft Stöckchen und will Jasper hinterherscheuchen, der denkt aber nicht daran, Vannes Befehlen zu gehorchen, er will lieber Grashüpfer jagen und hüpft durchs Gras. »Wißt ihr was, Mädels? Machen wir uns nicht verrückt mit dem Bau, da können wir uns morgen mit herumärgern. Jetzt werden wir den Tag genießen und zum Baden nach Glyfada fahren. Wenn ihr ganz brav seid, werden wir später in der Strandtaverne bei Dimitris etwas Feines zu Abend essen«, schlägt Dave vor, »wir lassen uns die Laune heute nicht vermiesen.«

»Bravo, David, das ist die richtige Einstellung.« Die Mädels sind begeistert und Vanessa stellt sich auf Zehenspitzen und reckt sich tüchtig, schelmisch steckt sie dem spendablen David eine Margerite hinters linke Ohr. »Paßt ausgesprochen gut zu deinem braunen Teint.«

Die Landschaft zieht gemächlich an uns vorbei während der Fahrt ans Meer. Dort wollen wir nach Herzenslust schwimmen und faulenzen. Der Strand ist voll heute, das sehen wir schon von weitem. Da wir aber bei der Taverne parken wollen, müssen wir die weniger attraktive Nebenstraße nehmen. Schon nach wenigen hundert Metern entkommen wir den dicht an dicht stehenden Autos, die von der letzten Serpentine der Hauptstraße bis hinunter zum Strand geparkt sind. Auf dem Parkplatz der Taverne finden wir unter einem Olivenbaum viel Schatten für unseren Wagen. Das ist wichtig, denn wir lassen unseren Jasper heute im Auto zurück. Es ist für den kleinen Kerl zu heiß am Strand. Die Seitenfenster und die Heckfenster des Jeeps bleiben geöffnet, so kann der leichte Seewind die Luft im Auto ständig erfrischen. Eine große Schale mit Wasser stellen wir noch auf die Ladefläche. Jasper weiß, daß er nicht lange allein bleiben wird und rollt sich auf dem Fahrersitz zusammen, um etwas zu schlafen.

Der Tavernenwirt winkt uns heran, er möchte uns etwas zeigen. Er begrüßt uns herzlich und bittet uns, ihm in den Kühlraum, der an seine Küche grenzt, zu folgen. Stolz zeigt Dimitris uns seine selbstgefangene Beute, herrliche Seebarsche und kleine Tintenfische, Kalamaris, liegen appetitlich angerichtet auf Trockeneis. Einen Barsch und zwei Portionen Kalamaris suchen wir für später aus, nach dem Bad im Meer werden uns diese Köstlichkeiten sehr willkommen sein. »Möchtet ihr etwas trinken?« fragt Dimitris zuvorkommend, »ich möchte euch etwas spendieren.« »Können wir das auf nachher verschieben? Wir möchten uns erst einmal ein wenig im Wasser abkühlen.«

»Das Wasser ist heute sehr schön, viel Spaß«, wünscht uns Dimitris und wendet sich neu angekommenen Gästen zu.

Schnell sind wir im glasklaren Wasser, es ist nicht zu warm und wirklich erfrischend. Vanessa und ich sind etwas weiter aus der Bucht hinausgeschwommen, mein Mann geht in Strandnähe auf einer Sandbank auf und ab. »Hey, David, hast wohl Angst daß du den Boden unter den Füßen verlierst, was?« Vanessa will meinen Mann ins tiefere Wasser locken. »Paß du mal schön auf, daß da kein hungriger Hai vorbeiläuft und dich verspeist«, ruft Dave zurück. Aber Vanne hört nichts mehr, sie ist mal eben weg getaucht.

Während wir langsam aus den Fluten waten, kommt ein großer roter Lastwagen bis dicht ans Wasser herangefahren. Auf der Ladefläche tummeln sich etwa neun furchtbar schmutzige Zigeunerkinder in viel zu weiten Hemden. Hinter dem Führerhaus sitzen junge Zigeunerinnen mit bunten Kopftüchern und großen goldenen Ohrringen, wiegen Kleinkinder und Säuglinge in den Armen. Der Fahrer und vier, tatsächlich vier Beifahrer in piekfeinen Anzügen, schneeweißen Hemden und mit schweren Goldketten behängt, flüchten aus der noch eben zweifellos überfüllten Fahrerkabine.

Der Fahrer geht um den Laster herum und öffnet die seitliche Ladeklappe und übermütig springt die fröhliche Kinderschar in den heißen weichen Sand. Die Frauen reichen die Kleinkinder den Männern , die überschwenglich mit den Kleinen scherzen. Nun haben auch die Zigeunerinnen die Ladefläche verlassen, sie rollen ihre langen Röcke bis zu den Knien auf, darunter erscheinen weiße Pluderhosen, die über und über mit Spitzen besetzt sind. Sie stopfen nun die aufgerollten Rocksäume in die Gürtel, und laut schwatzend und lachend gehen sie im Gänsemarsch ins Wasser, ohne auch nur eines der kunterbunten Kleidungsstücke abzulegen. Geschäftig beginnen sie die Kinder der Reihe nach zu schrubben und zu waschen. Zuerst die größeren, dann die kleineren, zum Schluß kommen die ganz kleinen dran. Na, die wurden vielleicht ins Wasser getaucht und gescheuert.

»Ach, sieh an, heute ist Waschtag«, und Vanessa singt laut – nach der Melodie »Immer wieder sonntags«, von Cindy und Bert. »Immer wieder freitags, da ist die Wanne voll!«

»Wieso, bist du voll?« David hat den Sinn nicht erfaßt.

»Die Baa dee waa nee«, wiederholt die Kröte. »Da du anscheinend nicht richtig hören kannst, David, kann ich dir doch eigentlich die Öhrchen abschneiden.« Dave guckt sie böse an. Vanessa legt den Kopf schief und sagt mit einem hinreißenden Lächeln: »Außerdem siehst du dann auch viel windschnittiger aus.«

David beobachtet das Massenbad und bedauert die Kinder: »Die armen kleinen Wesen, daß die dabei nicht ertrinken.«

»Wieso?« wundert sich Vanessa, »die haben doch soo eine Schmutzschicht auf der Haut, die merken gewiß nix, oder hörst du vielleicht einen Pieps? Die sind nicht so verpiepelt wie du Dave.« Es stimmt, es ist lautes Lachen und Geschnatter zu hören, aber keins der Zigeunerkinder weint. »Guck mal, wie praktisch, Marie«, sagt das kesse Kind nun zu mir, »die waschen ihre Kinder mit den Klamotten am Leib, die haben wirklich 'nen ganz echten Waschtag. Vielleicht solltest du deinen Mann auch mal mit Klamotten in der See waschen, wo er doch immer so kleckert.« Diese Göre kann es doch einfach nicht unterlassen, meinen armen David zu ärgern. Wie gut, daß er tatsächlich etwas schwerhörig ist und nicht alle Frechheiten mitbekommt. Was machen wir nur ohne dieses Kind, heute in einer Woche fliegt sie ja schon zurück nach Hamburg.

Die Herren Zigeuner haben sich am Strand aufgereiht, bewachen lässig ihre Brut und die dazugehörigen Mütter, sie rauchen Zigaretten und lachen viel, dabei zeigen sie ihre vielen Goldzähne. »Die armen Kinder haben keine Schuhe«, empört sich Vanessa, »aber die ollen Väter tragen Fort Knox mit sich im Mund herum, so was soll nun gerecht sein.«

»Reg dich mal nicht auf«, sage ich, »wir gehen jetzt was Feines essen.«

Dimitris trägt die Vorspeisen auf: »Tzatziki, Taramasalat, Bauernsalat mit Fetakäse, Octopus in Weißwein und Olivenöl, fritierte Paprika und Auberginenscheiben, Auberginensalat und eine Platte mit kleinen gegrillten Sardinen, dazu das herrlich frische, duftende Weißbrot aus dem Steinofen. Uns läuft das Wasser im Mund zusammen und wir langen tüchtig zu, hungrig genug sind wir ja, der kleine Jasper bekommt eine Scheibe Weißbrot, dick mit Tzatziki bestrichen, unter den Tisch geschoben, dreimal darf man raten, von wem. »Er liebt doch Joghurt mit Knoblauch über alles, der kleine Liebling, darf er etwas Bier aus dem Aschenbecher trinken? Darf er? Darfernu?«

»Untersteh dich.« David grabscht, so schnell er kann, nach der fast leeren Bierflasche und gießt den Rest in die Blumenrabatte, sieht mich an und meint: »Solange diese Göre mit uns speist, sollten wir bei Weißwein bleiben, den kann sie wenigstens nicht heimlich gegen Cola tauschen.« Ich muß grinsen, Vanne hat den sauberen Aschenbecher noch einmal sorgfältig ausgewischt, gießt etwas Wasser aus einer Karaffe hinein und tauft es mit einem Schuß Cola. »Damit es wenigstens etwas auf Jaspers Zunge prickelt und Schmackes hat!« Der Barsch wird mit frischen Kräutern gegrillt, mit roten Tomatenscheiben auf Blattsalat serviert, die knusprigen Tintenfischchen brutzeln noch etwas und sehen überaus lecker aus. Eigentlich sind wir von den Vorspeisen schon geschafft, doch diesen weiteren Köstlichkeiten können wir nicht entkommen. Es duftet herrlich, und in kurzer Zeit haben wir sie vernichtet, den Barsch und die Kalamaris.

»Hallo, das ist aber eine Überraschung.« Michael und Elke sind gekommen und setzen sich zu uns an den Tisch. »Marie, ist das herrlich hier, das hätte ich ja gar nicht vermutet, seid ihr uns die schönen Ecken gezeigt habt, können wir euch allmählich verstehen. Trotzdem würde ich die Insel Thassos vorziehen.« Aha, denke ich, aber nur noch eine Woche lang, und sie ist genau so chaossüchtig wie wir. Gelächter ertönt, Michael hat ein nasses T-Shirt an und Vanessa hat eben gefragt: »Ach, hattet ihr auch heute Waschtag?«

»Nein, nein«, wehrt Michael ab »ich war Schnorcheln und wollte mir keinen Sonnenbrand auf dem Rücken holen, aber es stimmt, das Shirt ist weißer als je zuvor.«

Noch lange sitzen wir hier, bis spät in die Nacht, schauen aufs Meer, in dem sich der Sternenhimmel und der Mond spiegeln, die Brandung spült unermüdlich an den Strand.

Dimitris und seine Frau Marina haben sich zu uns gesetzt, und mit einem Glas Wein in der Hand stoßen wir an: auf ein langes, schönes,Leben, hier im Paradies.

Einheimliche

»Halten wir unterwegs auch an, soll ich auch Badezeug mitnehmen?« Vanessa ist aufgeregt. David hat heute morgen einen Motorroller gemietet und will mit dem Mädel eine Tour über die Berge, zum nördlichen Teil der Insel machen. Bei der Gelegenheit will sie einige Urlaubsfotos schießen. »Nimm dein Badezeug auf jeden Fall mit. Ihr könnt nicht nur fahren, das wäre viel zu anstrengend. Ein erfrischendes Bad zwischendurch tut euch gut, und von den vielen schönen Stränden im Norden möchtest du gewiß den einen oder anderen kennenlernen, oder?«

»O ja, unbedingt Marie, bekommen wir auch noch was zu futtern mit?«

»Nein Vanne, David und ich haben uns auf solchen Touren immer mit frischen Früchten versorgt, die könnt ihr überall in den Dörfern erntefrisch kaufen, einen Salat oder ähnliches eßt ihr besser in einer Taverne.«

»Ja, so machen wir's, bist du soweit junge Dame? Wir müssen los, sonst schaffen wir es nicht, in der Dämmerung wieder hier zu sein, und im Dunkeln möchte ich nicht durch die Gegend fahren, jedenfalls so lange nicht, bis ich mich hier besser auskenne.«

»Jawohl Sir«, erwidert Vanessa, bin schon startklar.« »Vergiß nicht deine Schirmmütze aufzusetzen, sonst bekommst du noch einen Sonnenstich«, erinnere ich Dave. Jasper macht Theater, er will auch mit. »Wir beide machen es uns hier gemütlich, das wird ein richtig schöner fauler Tag«, verspreche ich dem Hund und dabei meine ich mich, während ich das Tor hinter der laut knatternden Vespa schließe.

Übermütig springt Jasper an mir hoch und rennt wie vom Affen gebissen kläffend ins Haus zurück. Der Bengel muß das Wort gemütlich in seinem kleinen Hundehirn in Kekse umprogrammiert haben. Jedenfalls steht er, wie ich in die Küche komme, auf seinen Hinterbeinen und versucht, immer wieder hochspringend, die Keksdose auf dem Küchenbord zu erreichen. »Na, ausnahmsweise gibt es mal einen Extrakeks.« Ich öffne die Dose und reiche Jasper einen Keks, ganz vorsichtig nimmt er ihn an und geht damit artig in sein Körbchen. Kurz darauf steht er wieder vor dem Bord neben dem winzigen vergitterten Küchenfenster und kläfft. »Komm, gib Ruhe, du hattest deinen Keks, und jetzt ist Schluß«, schimpfe ich. Doch Jasper gibt nicht auf, ich lasse mich wieder einmal dazu hinreißen, ihm noch einen, den letzten Keks zu geben. Doch dieses Mal will der Hund nichts von dem Keks wissen, immer wütender wird sein Gebell. Irritiert schaue ich zum Fenster und sehe gerade noch einen Schatten davonhuschen. Vielleicht eine Katze?

Friedliche Stille ist wieder eingekehrt in dem kleinen Haus in Mandouki, ich hole unser gemeinsames Tagebuch hervor und setze mich auf die Terrasse unter den Walnußbaum. Endlich habe ich Zeit, die Aufzeichnungen zu vervollständigen. Der letzte Eintrag stammt unverkennbar von David, da steht unter dem Datum 14.06.92:

»In der Stadt wollte ich heute Fleisch kaufen. Die Schlachterläden sind zur Straße hin alle offen, und viele unappetitliche Fliegen sitzen auf das Fleisch herum. Das hat mir überhaupt nicht gefallen, ich bin dann weitergegangen. Bei der sechste einheimliche Schlachter waren keine Brummer auf das Fleisch, und dort will ich etwas kaufen. Der Schlachter hat gerade mit einer qualmenden Zigarette eine alte Dame bedient. Bevor er mich fragt, was ich nun brauche, nahm er eine Dose Insektenspray und sprüht tatsächlich den ganzen Fleisch damit ein. Ich glaub' ich spinne und bin weggelaufen. Ich hatte nun Fisch gekauft, Marie hat gesagt das ist den Bestes gewesen, was ich tun konnte, nämlich weglaufen!«

Ich muß lächeln, mein süßer Tommy spricht so perfekt Deutsch, wenn er nicht aufgeregt ist, aber Sprechen und Schreiben sind eben zweierlei. Er möchte mir einen Gefallen tun und gibt sein Bestes, alles in Deutsch niederzuschreiben, schließlich will ich irgendwann an regnerischen Wintertagen alle Aufzeichnungen einmal zu einer Geschichte zusammenfügen.

Mein David ist in solchen Dingen wirklich unschlagbar. Heute will ich unser Erlebtes beim »einheimlichen« Zollamt niederschreiben, da haben wir ja reichlich Beute gemacht.

Genau eine Woche ist es her, seit die deutschen Kennzeichen und die Papiere unseres Jeeps vom Zoll eingezogen wurden. Es scheint hier niemanden zu interessieren, daß wir ohne Schilder durch die Gegend fahren. Die Polizei, auf Chaos reichlich vertreten, hat uns nicht ein einziges Mal angehalten. Das sollte mal einer in Deutschland versuchen, da wäre aber was fällig, oder?

Der alte Tom hatte uns beim letzten Treffen berichtet: »Hier sieht man das alles nicht so eng, solange man sich benimmt und keinen Unfall verursacht, ist alles in Ordnung. Es gehört sich auch, nur dort zu parken, wo es ausdrücklich erlaubt ist. Wenn man erwischt wird beim Halten im Parkverbot, wird man zu 10000 Drachmen – etwa 60 Mark – Strafe verdonnert, wenn man Glück hat! Meistens jedoch werden die Falschparker abgeschleppt, und das wird richtig teuer. In der Hochsaison, wenn die Straßen total überlastet und die Abschleppwagen ausgebucht sind, verwenden die Verkehrspolizisten die gefürchteten Krallen, die sie immer im Kofferraum ihres Streifenwagens in reicher Auswahl mit sich führen. Katie und ich haben einmal bei einem Stadtbummel so eine Aktion erlebt. Wir beobachteten, daß zwei Streifenpolizisten die Antriebsräder einer ganzen Reihe von falsch parkenden Autos mit diesen Krallen blockiert hatten. Nun hatten die Beamten keine von diesen Dingern mehr zur Verfügung, also was taten sie? Sie bockten die Wagen auf, montierten jeweils die Hinterräder ab und nahmen diese mit zum Revier. Die Besitzer der Wagen hätte ich sehen wollen, nur gegen sehr viel Bargeld wurden die Räder wieder herausgegeben. Diese drastischen Maßnahmen erfahren hauptsächlich die Einheimischen, die sich mit den Gesetzen vor Ort auskennen und dagegen mutwillig verstoßen. Zu den Ausländern ist man toleranter, da bleibt es meistens bei einer Verwarnung, im Wiederholungsfalle jedoch kommen die Übeltäter auch nicht mehr ungeschoren davon.«

Abenteuer Zoll ist nun im Tagebuch verewigt, fleißig schreibe ich noch vom nächtlichen Flugzeuglärm und vom Waschtag der Zigeuner. Zufrieden schließe ich das für uns so wertvolle Buch und gehe in die Küche, mir ist nach einer Tasse Kaffee. Während ich etwas Wasser in den Teekessel fülle, sehe ich am Küchenfenster wieder einen Schatten vorbeihuschen. Das kann nur die Katze sein, die hier immer ums Haus streicht, denke ich, fülle etwas Hundefutter in ein Schälchen und schiebe es durch die Gitterstäbe vor das Fenster. Jasper hat sich schon eine ganze Weile nicht blicken lassen, ich vermisse meinen treuen Freund. Nach kurzer Suche finde ich ihn, lang ausgestreckt, auf meinem Bett liegend. »Sehr vernünftig, bei der Mittagshitze ein Schläfchen zu halten, mein Kleiner«, flüstere ich und beschließe es dem Jasper gleichzutun, den Kaffee werde ich später trinken.

Ein fürchterlicher Lärm weckt mich auf, Jasper scheint rasend vor Wut zu sein. Die arme Katze, denke ich und springe aus dem Bett. Doch in der Küche herrscht wieder Stille, Jasper knurrt nur noch leise das Fenster an. Die Katze hat tatsächlich das Futter genommen, ich werde sie von nun an regelmäßig füttern, vielleicht bleibt sie ja bei uns. Der Hund wird sich schon an die Mieze gewöhnen. Ich muß nachher mit David darüber reden. Jemand klopft an die Tür, ich hatte sie abgeschlossen, bevor ich mich hinlegte. »Komme schon!« rufe ich. »Mach schnell, bitte, ich muß ganz dringend aufs Klo!« Vanessa hat es wirklich eilig, sie saust an mir vorbei, und schon ist sie im Bad verschwunden. David kommt hinterhergetrödelt, er hat Jasper auf dem Arm und eine Zeitung unter einen Arm geklemmt. Er macht einen sehr erschöpften Eindruck. »Na Schatz, wie war eure Tour?«

»Wunderschön, wirklich, leider hat die Vespa einen lahmen Motor und es nicht geschafft, uns zwei über die etwas steileren Serpentinen zu befördern, also habe ich öfters schieben müssen, und das bei der Wärme, ich bin ziemlich erledigt. »Du Armer, wenn du erst geduscht hast, wird es dir bestimmt schon viel besser gehen, wie wär's inzwischen mit einer schönen Tasse Tee?«

»O ja, Tee ist genau das, was ich jetzt brauche, trinken wir ihn auf der Terrasse?«

»Ich auch, ich möchte auch Tee«, schreit Vanessa, die gerade unter der Dusche steht, »auf der Terrasse! Ich möchte auf der Terrasse Tee trinken!«

Nachdem ich den Tee aufgebrüht habe, folge ich meinem Mann hinaus, ich will ihm von der Katze berichten. Dave stimmt mir zu: »Es ist ein hübscher Kater, etwas mager vielleicht, aber wie ich dich kenne, päppelst du ihn schon auf.«

»Ja, aber leider ist das Tier sehr scheu, meinst du, er wird noch zutraulich?«

»Bestimmt, Marie, wenn er regelmäßig gefüttert wird, gewöhnt er sich langsam an den Futterplatz und unsere Anwesenheit. Mit der Zeit wird er sich auch an Jasper gewöhnen und nicht immer gleich Reißaus nehmen, wenn wir uns nähern.«

»Der Tee ist fertig, ich gehe ihn holen.« Ich stehe auf, aber da kommt mir das Ferienkind mit einem Tablett entgegen, »It's teatime«, strahlt sie und schenkt den Tee aus. Dave beginnt in seiner Zeitung zu schmökern, Vanessa und ich rätseln ein wenig. Lange können wir draußen in der lauen Dämmerung nicht sitzen. Die Terrassenbeleuchtung ist zwar ausgezeichnet, aber die Mücken! Diese Plagegeister lassen uns nicht in Ruhe, und so flüchten wir ins Haus. Dave will duschen und wir »Mädels« werden uns schon mal in Schale schmeißen, es ist Vanessas vorletzter Abend hier bei uns, und wir wollen noch einmal so richtig fein essen gehen.

»Ist es noch so warm oder schwitze ich nur?« stöhne ich satt und müde drei Stunden später. Wir sind auf dem Heimweg und haben nur noch wenige Meter bis zum Haus zu laufen. »Es ist so heiß«, jammert nun auch Vanessa. »Ihr habt recht girls, es ist schwül, da kommt ein ordentliches Gewitter herangezogen, seht mal gen Osten, da türmen sich Wolkenberge, und die Blitze hüpfen in den Wolken.« David hat recht. Weiß scheinende Wolkenberge heben sich vom mit Sternen übersäten Nachthimmel ab und spiegeln sich im Meer, dazwischen zucken die Blitze parallel von einer Wolke zur anderen. »Es ist ein Naturschauspiel, wie ich es noch nicht gesehen habe,« staune ich. »Was? In echt, noch wirklich nie nicht? Und das, obwohl du schon soo alt bist, Marie?«

»Also, Vanne, sei nicht so frech, hast du so etwas schon beobachten können?«

»Nö, nicht so direkt, aber im Fernsehen hab' ich schon einmal etwas ähnliches gesehen.«

»Kannst du das nicht aufs Video bannen, David?«

»Ich werde es versuchen, Schatz, gleich von der Terrasse aus müßten wir's noch besser sehen können.«

»Jetzt ist mir auch klar, warum die Mücken mich ständig anbeißen, weil wir Gewitter kriegen.«

»Mir tun sie nichts, die mögen wohl nur junge, freche Mädchen, so eine wie dich, Vanessa«, frotzelt Dave.«

»Och, bin ich wirklich soo schlimm?«

»Das können wir leider nicht beurteilen, wir haben nur Jungs«, schmunzelt Dave und zwinkert mir zu. Jasper hat keine Lust mehr zu laufen. Vanessa: »Ich wünschte, mich würde auch mal jemand durch die Gegend tragen«, schleppt sich mit dem nicht gerade leichten Hund ab. »Laß ihn laufen, Vanne, wir sind doch gleich zu Hause,«

»Ja eben, Marie, es lohnt sich einfach nicht, den armen, kaputten Hund noch runterzusetzen.« Mademoiselle hat das letzte Wort, wieder einmal.

Im Haus ist es stickig und wir reiben uns mit Mückenabwehrlotion ein, damit wir vor dem Schlafen noch einmal tüchtig lüften können. Bei Vanessa scheint das Zeug nicht zu wirken, und so schließt sie das Fenster in ihrer Kammer, bevor sie sich ins Bett begibt. Zum ersten Mal, seit wir hier gemeinsam hausen, macht sie auch die Tür zu, die unsere Zimmer verbindet. »Damit eure Mücken nicht zu mir kommen können. Gute Nacht, ihr beiden, und vielen Dank für den schönen Abend.« Ausnahmsweise bekommen Dave und ich heute einen Gutenachtkuß, dann ruft sie Jasper zu sich, denn sie fürchtet sich im geschlossenen dunklen Raum.

Dave und ich sitzen noch ein wenig auf der Terrasse bei einem Glas Wein. Langsam kommt das Gewitter näher, die Schwüle scheint noch zuzunehmen. »Da ist irgendwas in meinem Zimmer, es kratzt immer so an der Wand am Fußende, vielleicht ein Tier? Mir ist unheimlich!« Vanne steht mit entsetztem Gesicht vor uns. »Könnt ihr bitte mal kommen?«

»Aha, das ist bestimmt der alte Hausgeist.«

»Dave, bitte, jag dem Kind doch nicht noch mehr Angst ein.« Beruhigend lege ich meinen Arm um das Mädchen. Zu dritt gehen wir in Vanessas Kammer, es ist finster. David schaltet das Licht ein, wir schauen uns um, es ist nichts zu sehen. David macht das Licht aus, fast atemlos lauschen wir in die Dunkelheit. Nach einer kleinen Weile, da, wirklich, vernehmen wir ein kratzendes Geräusch, es kommt oben aus der Holzdecke, am Fußende des Bettes. Leise verläßt Dave die Kammer um die Taschenlampe aus unserer

Kammer zu holen. Kurz darauf leuchtet er die Zimmerdecke ab und entdeckt dort, wo wir das Geräusch vermuten, einen winzigen Spalt, kaum wahrnehmbar, höchstens fünf Millimeter breit, genau dort, wo die Holzdecke an die Wand stößt. Etwas Putz rieselt dort heraus, und kurz darauf rutscht eine kleine Fledermaus aus dem Spalt heraus, saust durchs Zimmer und versucht immer wieder, aus dem Fenster zu entkommen. Ich beeile mich, das Fenster zu öffnen, und da sehen wir es, an der Übergardine hängen im Halbdunkel noch weitere zwei der winzigen Tierchen. Vanessa sitzt da mit offenem Mund und zeigt sprachlos an die Zimmerdecke, eine Fledermaus nach der anderen rutscht nun aus dem Spalt und fliegt in die Nacht hinaus. Wir beginnen zu zählen, bei 49 hören wir auf. Es sind einfach zu viele. »Sind die süß. Ich hätte doch nie das Fenster zugemacht, wenn ich das gewußt hätte, die armen, armen Dinger«, zerfließt Vanne vor Mitleid, »das Fenster bleibt jetzt immer offen.« Endlich ist Ruhe eingekehrt. Auch wir haben uns hingelegt, die Fenster unserer Kammer sind weit geöffnet, und wir hoffen auf ein wenig Abkühlung. Irgendwann in der Nacht werden wir von heftigen Donnerschlägen geweckt, der Regen prasselt in dicken Tropfen auf die Erde und in unsere Kammer, durch die inzwischen geschlossenen Fenster sickern kleine Bäche Regenwassers.. Plötzlich tropft es auch von der Decke, mitten in unser Bett. So schnell wir können, schieben wir das Bett aus der Gefahrenzone und bemerken dabei, daß auch aus einem haarfeinen Riß in der Wand Wasser herausläuft. Also sammeln wir rasch alle wasserempfindlichen Gegenstände vom Boden auf. »Es hat keinen Zweck, uns deswegen verrückt zu machen, gegen diese Wasserflut kommen wir nicht an, Marie«, mein Dave ist ganz ruhig, inspiziert Vanessas Kammer, dort scheint alles in Ordnung, nur auf der Fensterbank ist es etwas feucht. Das Mädchen schläft wie ein Bär im Winterschlaf, sie hört und sieht nichts, bekommt von diesem fürchterlichen Unwetter nichts mit. »Bist du sehr müde, David? Wollen wir ein wenig Karten spielen, bis das Gewitter vorüber ist?« David will! So hole ich die Karten hervor und wir beginnen zu spielen, David sitzt mir gegenüber, mit dem Rücken zu dem kleinen vergitterten Küchenfenster. »Gewonnen«, freue ich mich und blicke David lachend an, zufällig streift mein Blick das geöffnete Fenster. »Da«, schreie ich, da sind Ratten!« David dreht sich um, und natürlich sind die Mistviecher in dem Moment auch schon verschwunden. »Marie, du hast dich verguckt, das war bestimmt die Katze.«

»Ich werde doch wohl 'ne Katze von Ratten unterscheiden können, das waren wirklich Ratten.«

»Reg dich nur nicht auf, Schatz, bald wird es hell, und dann gehen wir der Sache auf den Grund, einverstanden?«

»Gut, Dave, wir werden sehen, bitte schließe das Fenster, ja?«

Nachdem das Fenster geschlossen ist, fühle ich mich etwas sicherer. Wie ich gerade die Karten mische, fällt plötzlich der Strom aus, und dann folgt ein ungeheurer Donnerschlag. Das ganze Haus scheint zu vibrieren, während der Donner ausgrollt, und dann ist es plötzlich still. Es hat aufgehört zu regnen, und wir gehen auf die Terrasse. Es dämmert schon, Dunst steigt vom warmen Boden auf und vernebelt die Sicht zum Hafen. Es wird Zeit, das nasse Chaos im Haus zu beseitigen, und leise machen Dave und ich uns an die Arbeit. Bald ist die Sonne aufgegangen, die warmen Strahlen lösen den Dunst auf und der unbeschreiblich blaue Horizont kündigt wieder einen schönen Tag an.

Während ich den Kaffee aufbrühe, schiele ich immer wieder zum Fenster, ob sich wohl wieder Ratten zeigen? Sie müssen wiederkommen, damit Dave es mit eigenen Augen sehen kann. »Ich werde es mit Hundefutter probieren«, sage ich mir und schiebe wieder eine kleine Schale gefüllt mit Dosenfutter durch die Gitterstäbe auf den Außensims des Fensters. »Mach schon einmal deine Videokamera schußbereit, denn gleich kommen die netten kleinen Nager zum Frühstück«, rufe ich meinem Mann zu, der gerade vom Bäcker zurückgekommen ist. Da er mir nicht antwortet, drehe ich mich nach Dave um, der wie gebannt aufs Fenster schaut. Meine Augen folgen seinem Blick, und da sind sie, fünf Ratten sitzen possierlich da und futtern. Eine ist sogar durch die Gitterstäbe geschlüpft und sitzt drinnen auf der Fensterbank. Langsam zieht David sich zurück und holt seine Kamera, die Ratten flüchten, als die Kamera zu surren beginnt, bis auf eine, die futtert munter weiter. »Das Fenster wird von nun an geschlossen bleiben«, kündige ich an, »erst einmal müssen wir Tom um Rat fragen, bevor wir irgend etwas unternehmen.« Nach dem Frühstück will Dave sich darum kümmern.

»Warum habt ihr mich denn nicht geweckt, ich hätte die Ratten auch gerne gesehen?«

»Ach, Süße«, wende ich ein, »Jasper und du ihr habt so fest geschlafen. Wir wollten dich nicht wecken, weil du morgen sehr früh aufstehen mußt.« Da wurde unsere sonst so muntere Quasselstrippe auf einmal ganz still und nachdenklich: »Schade, daß die Zeit schon vorbei ist, morgen geht's ja schon heimwärts, gell?«

Schau'n ma amoa

Herrliche, unbeschwerte Wochen liegen nun hinter uns. Erst zwei Tage ist es her, seit Vanessa wieder heimwärts flog, wir vermissen die quirlige Kleine. Vor uns liegen jetzt anstrengende Monate, müssen wir uns doch um unseren »Bau« kümmern. Heute vormittag sind wir mit unserem Bauingenieur Jannis verabredet, und pünktlich zur verabredeten Zeit sitzen wir ihm in seinem Büro gegenüber. Nachdem die üblichen Höflichkeiten ausgetauscht sind, kommt Dave gleich auf den Punkt: »Was ist passiert, warum sitzt nur das Fundament allein auf dem Grundstück herum, ohne den zumindest halbfertigen Rohbau obendrauf? Wir hatten doch eine Absprache, Janni?«

Der Angesprochene zwiebelt mit der rechten Hand sein linkes Ohrläppchen: »Wir haben da ein Problem mit der RWM – das ist die hiesige Elektrizitätsgesellschaft –, es gibt noch keinen Strom auf dem Grundstück deshalb können die vielen Baumaschinen kaum arbeiten. »Das ist zwar ausgesprochenes Pech, daß wir noch keinen Strom haben, aber noch lange kein Anlaß, nicht weiter zuarbeiten! Janni, du hättest doch einen Dieselgenerator mieten können!« So, jetzt hat mein David es ihm aber gegeben! »Das stimmt, ich habe auch daran gedacht«, sagt Jannis, »ich wollte dazu erst deine Einwilligung, so ein Generator kostet viel Miete, mindestens 3000 Drachmen pro Tag.«

»Das sind im Monat knappe 540 DM, und die wären doch gerechtfertigt, wenn man bedenkt, daß wir eine Menge Geld für Miete einsparen, vorausgesetzt, wir können termingerecht im Oktober einziehen. Außerdem hättest du uns auch anrufen können, dann hätten wir es sofort klären können.« Bravo Dave, gib's ihm, denke ich. Kleinlaut gibt Jannis zu, nicht soweit gedacht zu haben. Plötzlich fällt ihm dann ein: »Aber ich meinte, daß ihr erst Anfang September kommt, und bis dahin wäre das Haus dann allemal so gut wie fertig.« Mir bleibt bei diesen Worten fast die Luft weg: »Ach«, frage ich vorsichtig, »dann mieten wir jetzt also diesen Bumsdings, äh, Stromerzeuger und dann schaffst du es, das Haus bis Oktober fertigzubauen?«

»Ja natürlich, was denkst du denn, ich bin ein Ehrenmann und halte mein gegebenes Wort.«

»Na, dann, ist das ja schon einmal geklärt. Janni, wann genau fängst du an zu bauen?«

»Noch heute organisiere ich alles, das mit den Maurern und so weiter, einen Generator bestelle ich auch gleich und lasse ihn morgen früh anliefern, es kann also morgen losgehen, David.«

»Um welche Uhrzeit bist du auf der Baustelle, Janni?«

Der macht große Augen und sagt: »Spätestens um neun Uhr.«

»Gut, Marie und ich werden dann auch da sein.

»So, nachdem das nun geklärt ist, sag mir doch bitte einmal, warum es mit der RWM Schwierigkeiten gibt?«

Jannis zuckt mit den Schultern und macht ein mißmutiges Gesicht: »Was weiß ich, die nötigen Unterlagen mit dem Antrag auf Stromversorgung habe ich sofort nach Erteilung der Baugenehmigung bei der Elektrizitätsgesellschaft eingereicht. Sogar den Chef dort, Herrn Gathos, habe ich auf die Dringlichkeit der Stromlieferung hingewiesen. Herr Gathos hatte mir versichert, den Antrag unverzüglich persönlich zu bearbeiten, und sicherte den Stromanschluß noch vor Baubeginn zu. Ich habe mich darauf auch verlassen und nicht weiter nachgefragt.«

»Wie, von April bis jetzt hast du dich nicht weiter darum bemüht? Das kann ja wohl nicht wahr sein, das sind mehr als zehn Wochen Zeitverlust, also, darüber reden wir noch!« Dave ist verständlicherweise aufgebracht.

»Ich hatte noch soviel anderes zu tun und hab's einfach vergessen«, versucht Jannis sich herauszureden.

»Warum kümmert er sich persönlich darum, sind wir etwas Besonderes?« frage ich neugierig.

»Herr Gathos mag die Deutschen, er hat doch in München studiert und dort seinen Ingenieurstitel erworben, das wird wohl den Ausschlag gegeben haben. Vielleicht ist es besser, ihr schaut einmal bei der RWM vorbei und bemüht euch persönlich um den Stromanschluß.«

David läßt sich die Adresse und die Kopien unserer Unterlagen geben, die Herr Gathos angeblich hat, er bittet Jannis, uns bei besagtem Herrn anzumelden, dann machen wir uns unverzüglich auf den Weg nach Alepos, wo Herr Gathos über seine E-Gesellschaft wacht.

Kurze Zeit später betreten wir das moderne Gebäude der RWM, wo der Herr Ingenieur Gathos uns schon erwartet. Nachdem er uns ausführlich über seine »ach so schöne Zeit in Deutschland« berichtet hat, kommt er direkt zur Sache. »Also, schau ma amoa« – er blättert in unserer Akte –, »also das verhält sich so: Die Vermessungstechniker konnten euer Grundstück leider nicht finden, sonst wären die Strommasten schon gesetzt, die Kabel gezogen, und ihr hättet Strom.«

»Warum haben sie denn nicht unseren Bauingenieur um Hilfe gebeten, der weiß doch genau, wo das Grundstück liegt«, frage ich.

»Ja, schau ma amoa.«Ein erneuter Blick in unsere Akten klärt Herrn Gathos auf: »Ach ja, jetzt weiß ich's wieder, nachdem die Techniker das Grundstück nicht gefunden hatten, mußte ich auch leider feststellen, daß ja noch nicht einmal die voraussichtlichen Kosten für den Ausbau des Stromnetzes bis zu eurem Grundstück abgedeckt waren. Das müßt ihr natürlich im voraus bezahlen, das ist sehr wichtig. Bevor wir nicht den Zahlungseingang registriert haben, können wir die notwendigen Arbeiten nicht veranlassen.«

»Ach, wie hoch ist denn die Summe der »voraussichtlichen Kosten«, die wir zu entrichten haben?« möchte mein Mann nun wissen.

Umständlich sucht Herr Gathos in einem Wust von Papieren nach dem entsprechenden Kostenvoranschlag: »Schau ma amoa, ah ja, da steht es ja, also ...« – Herr Gathos murmelt vor sich hin, rechnet, schreibt, addiert und teilt –, »also, die Gesamtkosten belaufen sich auf 1,7 Millionen Drachmen, davon zahlen wir die Hälfte, also das macht für euch dann ... genau ... 850 Tausend Drachmen.«

Zunächst sagt mein David nichts, es hat ihm einfach die Sprache verschlagen, mir übrigens auch, 850000 Drachmen, das sind immerhin circa 5100 Mark, eine Menge Geld, wenn man bedenkt, daß in Deutschland nur für den direkten Hausanschluß eine annehmbare Gebühr fällig wird. »Tja, dann werden wir wohl schnell bezahlen müssen, wenn wir bald über Strom verfügen wollen.« Dave holt das Scheckbuch hervor und schreibt einen

Scheck über die geforderte Summe an die RWM aus. Herr »Schau ma amoa« geht mit uns zur Kasse und wir bekommen über den Einzahlungsbetrag einen Beleg. Dann schüttelt Herr Gathos uns freundlich die Hand und sagt: »Jetzt steht dem Stromanschluß nichts mehr im Wege, ich werde das Nötige sofort veranlassen.« Beruhigt und erleichtert verlassen wir das Gebäude und fahren zurück nach Mandouki, wo Tom uns schon erwartet.

Unser treuer Freund will uns von den Ratten befreien. »Du willst doch hoffentlich kein Gift auslegen?« Ich bin besorgt um unseren Jasper und den kleinen, mageren Kater. »Da habe ich allerdings etwas viel Wirksameres mitgebracht«, sagt Tom und holt aus dem Kofferraum seines Autos eine Kiste mit vielen Luftlöchern hervor, außerdem befördert er noch feinen Maschendraht, kleine Holzleisten, Schrauben, Nägel, Werkzeug und eine große Plastiktüte voll Stroh herbei. Neugierig wollen wir wissen, was wohl in der kleinen Kiste ist, an der Jasper aufgeregt herumschnüffelt. Tom lacht, er lüftet vorsichtig den Deckel der Kiste und holt zwei niedliche kleine Frettchen hervor. »Die bloße Anwesenheit dieser Iltisart wird die Ratten und andere lästige Nager im Umkreis von mindestens einem Kilometer verscheuchen.« Das gefiel mir sehr, die kleinen Frettchen sind ganz zahm.

Jetzt macht Tom sich daran, einen etwa vier Quadratmeter großen Auslauf für die Tierchen zu bauen, direkt unter das Küchenfenster. Den Boden des Minizwingers legt er mit Grassoden aus, in die Transportkiste füllt er Stroh und stellt sie als »Schlafnest« in den Minizwinger. Nun deckt Tom den Auslauf mit einem mit Draht bespannten Rahmen ab. Dann setzt er die kleinen Frettchen in das wirklich schöne Gehege.

»Sie bekommen täglich etwas Katzenfutter und zweimal wöchentlich einen Happen frisches Rindfleisch, Frischwasser natürlich täglich, und wenn du sie verwöhnen willst, Marie, darfst du ihnen ab und zu einen in Milch eingeweichten Zwieback, oder auch frischen Fisch anbieten, das mögen sie zu gern. Ihr könnt sie auch zum Schmusen aus dem Gehege nehmen, aber erst nach ein paar Tagen, wenn sie sich an euch gewöhnt haben, ach ja, sie heißen übrigens Pit und Pat. Katie ist vernarrt in Frettchen, sie hatte schon immer welche, allerdings in old England, bei uns laufen sie frei im Haus herum, nur selten, wenn wir mal weggehen, kommen sie in das Außengehege, das allerdings um ein vielfaches größer ist als dieses. Eine ganze Landschaft mit kleinen Felsen und Sträuchern habe ich da für meine kleinen Freunde gebaut.

»Wie lange dürfen wir sie behalten?« will ich wissen.

»Ich denke so an die zwei Wochen dürften reichen. Bis dahin haben die Kleinen ihre Duftmarken nachhaltig in den Grassoden hinterlassen, das reicht dann für ein paar Monate, vorausgesetzt es regnet während dieser Zeit nicht zu oft, aber das ist kaum anzunehmen, schließlich haben wir ja Sommer.«

Ein paar Dosen Katzenfutter hat Tom auch schon dabei, er versorgt die Frettchen noch und folgt uns dann auf die Terrasse, wir wollen Tee trinken und über die Ereignisse des Tages mit unserem Freund ein wenig plaudern.

Im Laufe der folgenden Unterhaltung erfährt Tom von unserem Problem mit dem Stromlieferanten und meint dazu: »Es tut mir leid, daß da etwas schiefgelaufen ist, aber nachdem ihr jetzt dafür gelöhnt habt, werdet ihr den Anschluß bestimmt bald bekommen.«

»Was denkst du Tom, wie bald?« will ich wissen.

»Also, wenn es so schnell geht, wie ich annehme, in etwa zwei bis drei Monaten. Aber auch nur, weil Herr Gathos sich persönlich kümmert, sonst dauert es meistens länger.«

Ungläubig hakt Dave noch einmal nach: »Du meinst tatsächlich länger als drei Monate?«

»Aber ja, ich habe ein halbes Jahr warten müssen, und Bekannte von mir warten jetzt schon geschlagene 16 Monate auf ihren Stromanschluß. Das ist hier in Griechenland nicht ungewöhnlich.« Dazu fällt uns nichts mehr ein. »Ihr könnt allerdings, sooft ihr die Zeit habt, dem Herrn bei der RWM auf die Pelle rücken, nach dem Motto: »Steter Tropfen höhlt den Stein, dann werdet ihr euch immer in Erinnerung bringen.«

»Danke Tom, das ist ein guter Vorschlag, wir werden's genau so und nicht anders machen.«

»Habt ihr auch schon einen Telefonanschluß beantragt?«

»Nein, muß man aufs Telefon etwa auch so lange warten?« »Nein, Marie«, lacht Tom, »das braucht ein wenig mehr Zeit, so an die zwei bis drei Jahre bei Normalverbrauchern. Ich kann mir aber vorstellen, daß es in eurem Falle wirklich zügiger geht, da David ja für seinen Job unbedingt

Telefon braucht, und dieser Umstand wird auch hier vorrangig behandelt.« Fein, Toms heutiger Besuch ist ja wirklich informativ und hinterläßt bei uns völlig Ahnungslosen die erste Spur von Frust. Nachdem Tom sich von uns verabschiedet hat, beschäftigen wir uns noch ein wenig mit den Frettchen, Jasper mag die kleinen Gesellen und bewacht sie aufmerksam. Seit sie hier sind, hat er sich noch keine Minute vom Gehege entfernt. An diesem Abend kommen Dave und ich noch lange nicht zur Ruhe. Wir haben so viel zu bereden, und am Ende steht für uns fest, wir werden sehr viel Kraft brauchen, Beharrlichkeit und eine gehörige Portion südländische Gelassenheit, wenn wir wirklich Anfang Oktober in das neue Haus einziehen wollen.

Der Lärm von Baumaschinen übertönt das Fahrgeräusch unseres Jeeps, als wir kurz nach neun auf das Grundstück fahren. Unzählige Arbeiter haben damit begonnen, die Grundmauern des zukünftigen Hauses zu errichten. Ein Dieselgenerator steht da und versorgt eine große Betonmischmaschine mit der nötigen Energie. »Na also, geht doch.« Dave grinst mich an und wir beide haben plötzlich das Gefühl, daß es enorm vorangeht. Hinter uns hupt es laut, ein Lastwagen, mit Steinen voll beladen, kommt und will seine schwere Last absetzen, ich manövriere den Jeep aus der Gefahrenzone und parke im Schatten der Olivenbäume. Dann machen wir uns auf die Suche nach dem Bauführer Jannis. Der steht in »unserem Haus«, er hält eine Bauzeichnung in den Händen und erteilt einem Mann – ich nehme an, es ist der Vorarbeiter – irgendwelche Anweisungen.

Der Lärm ist unbeschreiblich, der Fahrer des Lastwagens brüllt einem Arbeiter etwas zu, und dieser fuchtelt mit den Armen, ruft Jannis etwas zu. Zu spät, es poltert fürchterlich, und im nächsten Moment versperrt ein riesiger Haufen Steine die Zufahrt zum Haus. Ärgerlich schimpfend kommt der Bauführer angerannt und spricht, erregt und laut, auf den Übeltäter ein. Den scheint es jedoch nicht weiter zu kümmern, ungerührt steigt er in seinen Lkw und verläßt rückwärts fahrend das Grundstück.

Wie wird es hier nur in drei oder vier Wochen aussehen? Leere Zementsäcke flattern im Sommerwind durch den Garten, Bretter, Plastikmüll, leere Wasserflaschen, Berge von Sand und feinen Steinen türmen sich rund um die Baustelle, und der neue Steinhaufen rundet das Bild dieses wirren Durcheinanders noch ab. Meine Hand in die von David schiebend, wünsche ich mir, daß alles nur ein Alptraum ist. Doch da kommt Jannis und begrüßt uns, da ist es mir plötzlich bewußt, das hier ist die Realität, mit der wir leben müssen, die nächsten langen Monate.

Inzwischen neigt sich der August dem Ende zu. Die Tage der letzten Wochen waren entsetzlich anstrengend, zermürbend und ausgefüllt mit den täglichen Besuchen auf der Baustelle, die unsere ganze Aufmerksamkeit erforderten, endlosen Besprechungen im Büro des Bauführers Jannis, den zur Routine gewordenen wöchentlichen Bittgesuchen bei der Elektrizitätsgesellschaft – wir haben noch immer keinen Stromanschluß.

Ein ungewollter Baustopp, der drei Wochen andauerte, raubte uns die letzten Nerven, Jannis hatte »vergessen«, Steine zu ordern. Wir haben einen Telefonanschluß für Oktober beantragt, wurden aber auf Dezember vertröstet. Zu allem Überfluß bekam ich noch eine Sommergrippe, von der ich mich nur langsam erholte. Kurz gesagt: Wir würden die letzten Wochen am liebsten aus unserem Leben streichen, einfach vergessen, wenn das nur so einfach ginge.

Bis zum 8.Oktober sind es nur noch knappe sieben Wochen, unser Haus hat noch kein Dach, und der Innenausbau ist so gut wie gar nicht fertig, unsere Möbel, der Hausrat und der ganze übrige Krimskrams kommen aber am besagten 8.Oktober termingerecht in einem riesengroßen Möbelwagen und einem noch viel größeren Anhänger. Wir sind dicht davor, Amok zu laufen, und alle an unserem Hausbau beteiligten Griechen haben, schlicht gesagt, die Ruhe weg. »Langsam, langsam, beruhigt euch mal, wir haben doch noch sechs Wochen Zeit, das schaffen wir locker, ihr werdet sehen«, hat Jannis uns gestern erzählt.

Das einst so wunderschöne Grundstück, in das wir uns verliebten, gleicht nun eher einer mittelgroßen Mülldeponie – von Containern für Baumüll hat man hier noch nichts gehört. Dave hat sich den Mund fusselig geredet, Jannis möge doch den anfallenden Bauschutt abfahren lassen, vergeblich. »Das ist hier nicht so üblich, das kommt ganz zum Schluß dran, wenn das

Haus fertig ist, wird alles geräumt.« David hat Mühe, mich zu trösten, er ist selber der Verzweiflung nahe. Entgegen allen Beteuerungen glauben wir nicht mehr daran, daß unser Haus pünktlich fertig sein wird. Tom sieht sich vorsichtshalber nach einem soliden, winterfesten Haus um, in das wir notfalls einziehen können. David hat Jannis klargemacht, daß wir ihn für alle eventuellen Mehrkosten haftbar machen werden. Das hat er gar nicht gern zur Kenntnis genommen, doch Dave schlug ihn mit seinen eigenen Worten: »Wieso, Janni? Du hast doch noch sechs Wochen und drei Tage zeit, das schaffst du doch locker, hast nichts zu befürchten, oder vielleicht doch?«

Am späten Freitag vormittag, besuchen wir noch einmal unsere Großbaustelle und werden freudig überrascht: Wir wissen zwar nicht, wie es zustande kam, aber das fast komplette Dach befindet sich auf dem Haus. Das Erstaunlichste ist jedoch, der gesamte Schutt und Müll ist verschwunden. Ein einzelner Hilfsarbeiter ist noch damit beschäftigt, die Reste aus allen Winkeln des Gartens zusammenzutragen. Eine Zentnerlast fällt von uns ab, als wir das alles sehen.

Einige der braungebrannten, schwitzenden Arbeiter wuseln wie die Ameisen herum, schleppen Dachpfannen über abenteuerliche Leitern auf das fast fertig eingedeckte Dach, andere sind dabei die Außenwände zu verputzen, sogar Jannis packt kräftig zu und das in dieser schwülen Hitze. Nun hat er uns bemerkt und kommt uns entgegen. Wild fuchtelt er mit den Armen herum, ruft uns etwas zu, aber wir verstehen kein Wort, der Generator und der Betonmischer übertönen jeden Laut. Jasper saust zum nächstgelegenen Baum, um diesen zu wässern, Dave holt eine Kiste mit gutgekühltem Flaschenbier aus dem Auto, und wie von Zauberhand gelenkt, verstummt der Lärm der Baumaschinen. Die, wie es scheint, sehr durstigen Arbeiter lassen hastig die Werkzeuge fallen und suchen sich ein schattiges Plätzchen unter den Olivenbäumen. Sie möchten das begehrte Bier noch kalt genießen, und mit einem fröhlichen »Jamas« prosten uns die dankbaren Helfer zu. Es sind gute, fleißige Leute die diese Pause wirklich verdient haben.

Noch immer unterhält Jannis sich etwas abseits mit meinem Angetrauten und als er wiederholt auf den angrenzenden Olivenhain zeigt, winkt Dave mich heran: »Stell dir vor, Marie, es waren heute tatsächlich Leute da und haben die Löcher für die Strommasten ausgehoben.« Sprachlos denke ich: »Sollte sich das Machtwort des uns inzwischen vertrauten Herrn Gathos tatsächlich erübrigt haben?

Bei unserem letzten Besuch heute morgen versicherte uns Herr Gathos, daß ja nun schon die Vermessungstechniker den kürzesten Weg zu unserem Grundstück ermittelt hätten, der Auftrag »zum Pflanzen der nötigen Pfähle« sei auch schon, wegen der Eile, an eine externe Firma vergeben worden. Nun werde er sich, der Herr Gathos, noch einmal bei der Firma um eine schnelle Ausführung des Auftrages bemühen. Wir sollten doch, bitte schön, noch einmal am Montag vorbeischauen und nach dem Stand der Dinge fragen. Das war genau vor einer Stunde, bevor wir hier auftauchten. »Schau ma amoa.«

David fachsimpelt noch mit dem Bauführer und unser Jasper saust kläffend zwischen den Handwerkern herum, klaut einem Arbeiter im Vorbeirennen einen Handfeger und bringt seine Beute in unserem Jeep in Sicherheit. Während der bestohlene Mann noch ganz verdutzt dreinschaut, beginnt Jasper den Handfeger langsam zu zerpflücken. Ich begebe mich zu unserem Dieb, tausche den verbliebenen Rest vom alten Feger gegen einen Keks und gebe das Diebesgut an den Besitzer zurück. So gut ich kann erkläre ich dem Mann, daß wir einen neuen Handfeger besorgen und am Montag mitbringen werden.

Jetzt ruft Jannis den Leuten etwas zu, langsam erheben sie sich, leicht schwankend – dösig von der Hitze oder angetüddelt vom Bier? –, und schleichen zurück an die schwere Arbeit.

Mir tun die armen Jungs leid, meinem Dave nicht: »Die sind es nicht anders gewohnt und verdienen so gutes Geld, morgen und Sonntag wird hier auch gearbeitet. Dann bekommen die Leute eine Sonderzulage, bezahlt aber Jannis aus seiner Tasche, er hat eingesehen, daß er ohne Sonderschichten nicht in der Lage ist, das Haus fertigzustellen.«

»Na, das sind aber gute Neuigkeiten.«

Ja, Süße, aber wir spendieren wieder eine Kiste Bier, nicht wahr?«

»Aber ja doch, unter diesen Umständen.«

Es ist sehr diesig, als wir an diesem Morgen zu unserer Baustelle aufbrechen. Die Straßen der Stadt sind noch wie leer gefegt, nur wenige Menschen sind Samstags um diese Zeit auf dem Weg zur Arbeit. In einer Stunde wird hier nur langsames Durchkommen sein, dann brodelt wieder das Leben, herrscht buntes Treiben. Schnell lassen wir die Stadt hinter uns, unterwegs halten wir an einem Tante-Emma-Laden, kaufen frisches Brot, Salami und Käse, unsere Tagesverpflegung. Etwas später fahren wir dann die circa 50 Meter, die einmal unsere Auffahrt werden sollen, zu unserem Haus hinunter – das Haus liegt etwas tiefer als der Feldweg. Die begehrten Parkplätze unter unseren Olivenbäumen sind restlos belegt, unser schöner Garten gleicht dem Parkplatz vor einem Supermarkt.

Fliesenleger sind dabei flache, hübsche Natursteine auf den Terrassen zu verlegen, die miteinander verbunden um das ganze Haus herumführen. Diese tellergroßen Steine werden auch irgendwann unsere Auffahrt schmükken. Das Stromaggregat knattert schon und bringt die große Trommel des Betonmischers dazu, sich unermüdlich zu drehen. Dave macht seinen Rundgang ums Haus, schaut erst einmal nach dem Rechten. Derweil gehe ich mit Jasper Gassi. Übermütig tollt er vor mir her, rennt den steilen Hang hinauf, plötzlich ist er verschwunden, ich rufe ihn, wandere den stark ansteigenden Weg zu den Olivenhainen hinauf, immer wieder pfeifend und nach Jasper rufend, jedoch vergeblich. Besorgt gehe ich zurück, mein Mann steht da und lächelt: »Suchst du unseren Rowdy? Der ist völlig kaputt, er hat seine Wasserschüssel leer gesoffen, und nun liegt er hier im Jeep und schläft.« Niedlich sieht der kleine Irrwisch aus, wie ein Stofftier. Für den Rest des Vormittags will er seine Ruhe haben.

Im Schrittempo kommt ein Lastwagen den Feldweg entlanggefahren, stoppt ein paar Meter vor unserem Grundstück, und ein paar Arbeiter laden einen langen, runden, schwarzgeteerten Mast ab. Nur noch ein Mast liegt auf der Ladefläche, der wird in unseren Garten geschleppt. Etwas irritiert sehe ich auf die Fahrertür des Lasters, da steht in großen schwarzen griechischen Buchstaben auf orangefarbenem Grund: RWM. »Die Masten sind da, David, wir kriegen endlich Strom!« Mein Mann kann mich nicht hören, der Generator sorgt dafür. Ich laufe so schnell ich kann zu ihm und erzähle die Neuigkeit. Zusammen gehen wir den Arbeitern der RWM entgegen, und dann schauen wir ihnen zu, wie sie die Masten »einpflanzen«. Für uns ist das ein neuer Glücksmoment, wir bekommen tatsächlich den langersehnten Stromanschluß, endlich nach rund viereinhalb Monaten. Wir armen Irren ...

Termine, Termine?

Zwei glückliche Optimisten stolzieren durch ihr Eigenheim, wir haben wieder Hoffnung geschöpft, so wie es aussieht, könnte das Haus tatsächlich zum geplanten Termin fertig werden. Das Dach ist gedeckt hat sogar den ersten, mehr als sechs Stunden andauernden prasselnden Gewitterregen überstanden. Es zeigte sich kein Leck. Das war für uns schon ein Grund zum Jubeln.

Der Innenausbau findet jetzt statt und das Hausinnere gleicht einem kompletten Irrenhaus. Die Heizungsmonteure haben langen blaue und rote Schläuche kreuz und quer auf dem zementverstaubten Betonfußboden durchs ganze Haus gezogen. Jetzt sind sie damit beschäftigt, die Anschlüsse für die Heizung herzurichten.

Elektrologos – Elektriker – stolpern über die Gerüste der Maurer, die dabei sind die erste Putzschicht an die Wände zu klatschen, die Fliesenleger streiten sich mit den Klempnern, die sich einfach nicht einigen können, wer denn nun zuerst das spätere Badezimmer bearbeiten darf. Der Herr, der die Fenster und Türen liefern soll, will Schiedsrichter spielen, wird aber recht barsch vom Fliesenleger daran erinnert, daß er ja gar keinen blassen Schimmer von dieser Materie hat und sich gefälligst zurück an seine Arbeit scheren soll. »Vorausgesetzt, du hast überhaupt Ahnung von dem, was du da tust.« Beleidigt macht sich der wohlmeinende Mensch wieder an das Ausmessen der Fenster und Türen, die ja in spätestens drei Wochen geliefert und installiert werden müssen. In der Küche zanken sich einer der Elektriker und der Tischler um die Gestaltung der Küche. Der Strippenzieher möchte, daß der Tischler die Küche nach den bereits verlegten Steckdosen- und Schalteranschlüssen anfertigt, ich bekomme das aber rechtzeitig mit und gehe dazwischen. Am Ende muß der Elektriker die Kabel für die

Steckdosen und Schalter neu verlegen, schließlich möchte ich später nicht ständig mit einer Taschenlampe in einen der Unterschränke kriechen, um das Licht in der Küche anzuschalten, oder eine Steckdose zu benutzen.

Man stelle sich vor, mein Mann vermißt mich: »Marie? Marie! Wo bist du denn?«

»In der Küche, Schatz, ich sitze gerade unten im Schrank und jage die Kartoffeln durch die Reibe der elektrischen Küchenmaschine, heute gibt es Kartoffelpuffer!«

»Aber Liebling, ich kann dir doch helfen, soll ich das nicht lieber machen?«

»Wäre wirklich schön, David, aber leider bist du zu groß, du paßt überhaupt nicht in den Schrank.«

Eine laute Diskussion ist vor dem Haus entfacht, mein Mann ruft nach mir. Ich will das Haus durch die noch nicht vorhandene Eingangstür verlassen und stolpere über ein Rohr des Außengerüstes, der Länge nach fliege ich in den lehmigen Matsch und schlittere noch ein Stückchen weiter. Es macht mir überhaupt nichts aus, daß alle Handwerker ihre Arbeit ruhen lassen, damit sie sich über mich kaputtlachen können. Habe ich mir doch vorhin klammheimlich den neuen Overall vom Bauführer Jannis ausgeliehen und angezogen, weil ich meine neue weiße Jeans schonen wollte.

Nachdem ich mich hochgerappelt habe, spüle ich mir nur kurz die Hände ab und eile an die Seite meines Gatten, der sich mit Jannis herumzankt. »Kann ich irgendwie behilflich sein?« frage ich höflich.

»Sieh dir den Marmor an, ist der etwa weiß?« »Das gibt es doch nicht, welcher Blödmann hat uns dieses weißgraue Zeug angeliefert, das muß eine Verwechslung sein, wir haben schneeweißen Marmor mit zartrosa Maserung ausgesucht.«

Der Bauführer bestreitet das energisch, triumphierend hole ich aus dem Jeep eine geschliffene Probe des bestellten Marmors. Auf der ungeschliffenen Rückseite hat Jannis mit großen Buchstaben unseren Namen geschrieben, und kleinlaut gibt er zu, wieder einmal gepennt zu haben. »Diese Natursteinsorte ist aber gewaltig billiger«, versucht er mich zu besänftigen.

»Das ist mir völlig egal, das graue Zeug kommt mir nicht auf den Fußboden, nie!«

»Wenn der erst einmal verlegt ist, geschliffen und poliert, wird er viel heller und ganz hübsch aussehen.«

»Das ist ein böser Irrtum von dir Janni, dieser Marmor wird überhaupt nicht schön aussehen, weil er nämlich in unserem Haus nicht verlegt wird, damit das klar ist.«

Ratlos sieht der Mann meinen David an und wagt es doch tatsächlich, mit verzweifelt klingender Stimme zu fragen: »Wieso darf deine Frau überhaupt mitbestimmen, die hat doch das zu tun, was du sagst, so ist es jedenfalls hier in meinem Land.« Wütend belauere ich die beiden aus den Augenwinkeln und dann sagt mein David, mein lieber, süßer David: »Das ist böser Irrtum Nummer zwei, Janni, Ich habe das Sagen in unserer Partnerschaft, ich bestimme immer ganz genau das, was meine Marie will, wenn du verstehst, was ich meine.« Er versteht überhaupt nichts mehr, der Jannis und kommt arg ins Grübeln.

Der Tischler kommt aus dem Haus und will sich verabschieden, vorher zeigt er mir noch eine grobe Skizze von der Einbauküche. Ich bin hellauf begeistert: »Bis zum Einzug sind es nur noch 22 Tage, wird die Küche dann fertig eingebaut sein?«

»In 14, höchstens 16 Tagen ist die Küche komplett installiert, sorgt bitte nur dafür, daß die neuen, einbaufähigen Elektrogeräte rechtzeitig angeliefert werden, damit wir die mit einbauen können.«

Der Bauführer verspricht sich darum zu kümmern, doch David will das persönlich in die Hand nehmen, er mißtraut den organisatorischen Fähigkeiten von Jannis.

Mir fällt noch etwas ein, ich rufe den Tischler zurück und will wissen: »Hast du auch die Schränke für die Miniküche im Gästehaus ausgemessen?« Das Gesicht des Tischlers ist ein einziges Fragezeichen: »Welche Küche in welchem Haus?« Mein Mann bittet den Unwissenden, ihm zu folgen, und geht voran ins spätere Studio. »Marie, kannst du mal eben kommen?«

»Bin schon unterwegs, was gibt es denn?«

»Schatz, wo soll denn hier die Miniküche eigentlich hin?«

Ich schaue mich im Gästehaus um und dann trifft mich fast der Schlag: »Die haben glatt vergessen, den Raum für die Miniküche abzuteilen, dafür haben wir hier ein riesengroßes Duschbad mit Klo.«

So schnell wie mein Mann die Räumlichkeiten verläßt, kann ich nur hoffen, daß sich Bauführer Jannis gerade in Sicherheit befindet.

Eine Oberschlamperei ist das, etwa vor einer Woche, als das Dach noch nicht fertig war, hatten wir den fehlenden Raum für die Küche beanstandet. Jannis hatte sich auch die entsprechenden Notizen gemacht und in der Bauzeichnung nachgelesen, darin war die Küche ordnungsgemäß eingezeichnet. Nun ist der Bauführer uns aber wirklich eine Erklärung schuldig. Zusammen mit dem Tischler gehe ich nach draußen, ich kann meinen Dave nicht sehen, aber zum erstenmal, solange ich ihn kenne, höre ich meinen Mann wütend herumbrüllen. – Soll er nur, denke ich, danach wird er sich besser fühlen, der Jannis sich um so schlechter.«

Inzwischen ist es dunkel geworden, der Generator rattert monoton und bringt die Scheinwerfer im Haus zum Leuchten. Die Handwerker wollen noch lange arbeiten, die Zeit drängt. Wir haben nun soweit alles im Griff und wollen nach Mandouki zurückfahren. Bevor wir gehen zeigt Jannis uns die verspäteten Aktivitäten im Gästehaus, ein Maurer zieht die fehlende Wand zwischen Bad und Küche. »Und darauf ist er auch noch stolz, der Trottel«,bemerkt mein Mann.

Unser Hund hat die letzten Stunden im Auto verschlafen, ist immer noch müde, als wir in den Jeep steigen. Da ich den Wagen fahren werde, rollt Jasper sich auf Daves Schoß zusammen um sein abgebrochenes Schläfchen wieder aufzunehmen.

Gerade wollen wir das Grundstück verlassen, da biegt ein fremder Wagen in unsere Auffahrt ein und will hinunter zum Haus fahren. Der Fahrer stoppt den Wagen auf Davids Handzeichen hin, wir möchten gerne wissen, was die Herren – es sind zwei – hier zu so später Stunde zu tun gedenken. »Wir kommen um den Marmor zu verlegen, wir sind ausgebucht, haben nur heute nacht und morgen vormittag Zeit.« Mir wird abwechselnd heiß und kalt, ich bringe keinen Ton heraus. »Lege den Rückwärtsgang ein,

Marie, ich habe hier noch zu tun.« die Stimme meines Gatten duldet keinen Widerspruch. Über 15 Minuten warte ich geduldig im Jeep, keine zehn Pferde bringen mich jetzt noch dazu auszusteigen, ich bin das ständige Streiten und Debattieren leid, also, wenn Dave jetzt nicht gleich kommt.

»Was dauert denn hier so lange?« Ich stehe in dem Loch, wo einmal die Eingangstür eingesetzt wird, und schaue mißmutig in die Runde. »Komm her, Liebling, sieh mal hier, der junge Mann – Dave zeigt auf einen der Marmorverleger – hat zur Probe mal eine Platte geschliffen und poliert, sieht gar nicht so übel aus, wie wir anfangs dachten.« Einen Blick kann ich ja riskieren, denke ich, und gehe auf den jungen Mann zu, der mich erwartungsvoll anschaut. Er zeigt auf eine große, schwere Marmorplatte zu seinen Füßen, ein weißes Rechteck mit zarten hellgrauen Marmorierungen, blank poliert und strahlend im grellen Licht des von der Decke herunterbaumelnden Scheinwerfers. Unschlüssig sehe ich meinen Dave an »Das ist nicht das was wir wollten.«

»Stimmt, meine Süße, aber wenn wir diesen nicht nehmen, müssen wir ungefähr zehn Wochen warten, bis der richtige Marmor geliefert wird, und diese Herren hätten frühestens im März Zeit, den dann zu verlegen.«

»Aha.« Mehr bringe ich nicht heraus.

Da meldet sich Jannis zu Wort: »Marie, du solltest dich jetzt entscheiden, außerdem wird dieser Marmor viel billiger.« Ich werfe Jannis einen vernichtenden Blick zu und verlasse das Haus.

Ich kenne mich, wenn ich jetzt den Mund aufmache, wird Jannis sich wünschen mir nie begegnet zu sein. Die Tränen schießen mir in die Augen, und ich kann nichts dagegen tun, es ist alles zuviel. Nichts, aber auch gar nichts läuft glatt. Sachte legt sich ein Arm um mich, Dave küßt mich zart auf den Mund und sagt leise: »Ich habe gesagt, die sollen den Marmor verlegen, o.k.?«

»Danke Schatz, ich konnte mich da drinnen eben nicht äußern, ermorden könnte ich den Jannis, der ist doch total bescheuert und unfähig.«

»Ich weiß, Schatz, komm, laß uns starten, soll ich fahren?«

Schweigend setze ich mich auf den Beifahrersitz, vorsichtig kommt Jasper auf meinen Schoß gekrochen und stupst mich zärtlich an, auf einmal geht es mir schon wieder viel besser, ich weiß, daß ich geliebt werde, und das tut mir so unsagbar gut, in diesem Moment und überhaupt.

Zwölf Tage später stehe ich kurz vor einem Nervenzusammenbruch. Entsetzlicher Radau dröhnt aus dem Haus, ein ungutes Gefühl steigt in mir auf. Ein Blick auf Dave sagt mir, daß auch ihm nicht ganz wohl ist. Die Gefühle haben uns nicht getäuscht, wir wollen das Haus betreten und prallen entsetzt zurück. In dem späteren Salon steht eine große Maschine, die mit Hochdruck eine Mischung aus Zement und Marmorstaub an die Wände schmeißt. Der noch gestern wie neu scheinende Marmorfußboden ist total ruiniert. Dicke Schichten dieser Putzmasse bedecken den Boden, vom Marmor ist nichts mehr zu sehen. Der gestern noch wunderschöne offene Kamin gleicht einem Loch im Mauerwerk, ist fast vollkommen mit der Zementmasse beklebt. Wie soll das je wieder sauber werden?

Draußen auf der Terrasse sind die schönen Natursteine mit diesem Zeug aus der Maschine bekleckert. Im Garten liegen achtlos verstreut alte Plastikplanen, darunter lagerte bis vor kurzem das Bauholz fürs Dach, geschützt vor Feuchtigkeit – diese Planen hätten vollkommen ausgereicht, um den gesamten Fußboden im Haus und den Kamin vor dieser Sauerei zu bewahren. Durch eine noch nicht vorhandene Terrassentür gehen wir durch das spätere Schlafzimmer ins Bad, der Anblick gibt mir den Rest: Die schöne, neue Duschwanne, die vergoldeten Armaturen und das Toilettenbecken sind voller Bauschutt, und überall haftet die schreckliche Putzmasse. Unendliche Wut und Enttäuschung machen sich in mir breit wenn das gereinigt wird, werden dicke Schrammen und Kratzer zurückbleiben, und in neun Tagen soll das Haus bezugsfertig sein.

Verzweifelt schaue ich meinen Mann an, auch er ist unendlich traurig. David holt seine Videokamera aus dem Auto und nimmt jede Kleinigkeit dieser Schweinerei auf. So schnell wir können, verlassen wir diesen katastrophalen Platz und machen uns auf die Suche nach dem Bauingenieur Jannis, der wird dieses Mal nicht ungeschoren davonkommen.

In der Stadt, an der Platia, stoppt David den Wagen und bittet mich, mit Jasper auszusteigen. »Bitte, tu mir den Gefallen und geh ein wenig durch die Altstadt, du mußt dich jetzt beruhigen. Wenn du müde vom Laufen bist, warte auf mich in dem Café an den Kolonnaden, wir treffen uns da.«

»Was willst du tun Dave?«

»Die Sache mit Jannis klären, Schatz, ich möchte dich da raushalten.«

Ich nicke stumm, es ist gut so. Langsam entfernt sich der Jeep und verliert sich im dichten Verkehr der Promenadenallee. Vielleicht eine Stunde halte ich mich im Park auf, versuche meine leicht wirren Gedanken zu ordnen. Ich schlendere zu den Kolonnaden, setze mich ins Café und bestelle mir einen Cappuccino, Jasper liegt dösend zu meinen Füßen, und so warten wir auf David.

»Na du, wartest du schon lange auf mich?« Mein Mann steht hinter mir, ich habe ihn nicht kommen sehen. »Hast du Jannis angetroffen? Was hat er gesagt?«

»Der war stinksauer, er hatte den Vorarbeiter gestern informiert, daß er es in den nächsten beiden Tagen nicht schafft, den Bau zu überwachen und dann hat er dem Mann die Anweisung gegeben, die letzte Putzschicht per Hand auf die Innenwände bringen zu lassen. Das würde zwar länger dauern, aber mit Rücksicht auf den Marmorboden und allen schon fertig installierten Dingen wäre es unumgänglich. Der Vorarbeiter hat eigenmächtig gehandelt. Jannis ist sofort losgefahren um die Putzmaschine zu stoppen. Falls es dafür noch nicht zu spät ist.«

»In neun Tagen ist der Möbelwagen hier, was wird dann? Die Küche wird Anfang nächster Woche geliefert, bis dahin muß alles sauber sein, wer soll denn das alles in so kurzer Zeit reinigen?« Die Lage scheint hoffnungslos, jedenfalls für mich. »Das wird eine Putzkolonne übernehmen, Jannis hat das auch in meinem Beisein organisiert, und er selbst will die Arbeiten überwachen. Noch in dieser Stunde werden die Leute damit beginnen, alles pieksauber zu machen. Jannis habe ich informiert, daß wir erst am Dienstag morgen wieder rausfahren werden, wenn die Elektrogeräte angeliefert werden und die Tischler kommen, um die Küche einzubauen. Bis dahin hat er Zeit, alles in Ordnung zu bringen.«

»Was ist, wenn nicht?« frage ich zweifelnd.

»Dann werde ich den Betrag für seine geleistete Arbeit deutlich kürzen, habe ich ihm übrigens auch verklickert.«

»Hast du ihn auch noch einmal auf die noch fehlenden Fenster und Türen angesprochen?«

»Ach ja, die Fenster sollen auch Dienstag kommen, die drei großen Terrassentüren sind angeblich noch nicht ganz fertig und werden wohl erst zusammen mit den Außenlamellen und der Haustür geliefert.«

»Wann denn?«

»Tja, Jannis meinte, spätestens am 8.Oktober.«

Mir wird schlecht. »Nächsten Samstag erst?« stottere ich, »aber dann wollen wir doch einziehen!«

»Warten wir's ab, solange wir noch nicht die ganze Summe für den Bau bezahlt haben, sitzen wir am längeren Hebel.«

Ja warten wir's ab, es sind nur noch neun Tage.

Pünktlich, wie verabredet, werden am Dienstag morgen unsere neuen elektrischen Geräte in das tipptopp gereinigte Haus geliefert. Die Armaturen, die Duschwanne und das Klo sind nagelneu, Jannis hat sie auswechseln lassen, zu groß war wohl der Schaden. Der Marmorkamin ist hochglänzend, er ist noch einmal nach der Reinigungsaktion nachpoliert worden. Wir sind zufrieden und wieder etwas zuversichtlicher.

Während wir auf den Tischler warten, kommen die Maler vorgefahren, laden große Mengen Farbe aus dem Transporter und eine große Kiste mit dicken Plastikfolien. Sie beginnen den Boden der Küche mit Folie auszulegen und ein junger Mann macht sich daran die nicht gekachelten Flächen zu streichen. Seine anderen Kollegen – noch fünf an der Zahl – haben in kurzer Zeit den ganzen Fußboden im Haus mit der Folie ausgelegt. Je zwei Leute nehmen sich ein Zimmer vor, einer wird ins Bad beordert und dann beginnen sie, mit dicken Rollen an Teleskopstielen die Wände mit Farbe zu verschönern.

Am frühen Nachmittag ist der Tischler immer noch nicht erschienen und David sucht die einzige Telefonzelle des Dorfes auf, er will Jannis bitten die Sache mit dem Tischler zu klären. Unterdessen halte ich die Stellung, sorgsam darauf achtend, daß nicht wieder irgendein Malheur passiert.

Da kommt Dave zurück, sein ernstes Gesicht verheißt keine guten Nachrichten: »Leider, Schatz, kann der Tischler den Termin heute nicht einhalten, aber er hat Jannis fest zugesagt, am Freitag die Küche zu liefern und einzubauen.«

»Hat er auch gesagt an welchem Freitag?« frage ich enttäuscht.

Mein Mann tröstet mich: »Am kommenden Freitag, buchstäblich in letzter Minute.«

»Hat sich der Mensch schon eingefunden, der heute die Fenster liefern und einsetzen wollte?«

»Bis jetzt noch nicht, Dave, vielleicht warten wir noch ein wenig ab?«

»Das ist mir zu riskant, ich fahre noch einmal zum Telefonieren, wir müssen klären, was mit den gelieferten Geräten wird. Auch wenn alle Leute behaupten, daß hier nichts abhanden kommt und man alle Türen getrost offenlassen kann, ich traue dem Frieden nicht. Jedenfalls jetzt noch nicht. Ich muß wissen, wer die Haftung übernimmt, falls doch etwas wegkommt.«

»Laß dir das nur schriftlich geben«, bemerke ich noch, bevor Dave losfährt.

Wir haben ja noch nicht einmal ein Gartentor und jeder Unbefugte kann ohne weiteres das Grundstück und das Haus betreten, wohl ist mir dabei nicht gerade. Was ist, wenn die Fenster, die Terrassentüren und die Eingangstür nicht rechtzeitig kommen, müssen wir dann doch noch umdisponieren und erst in ein anderes Mietshaus ziehen?

Motorengeräusch reißt mich aus meinen trüben Gedanken. Ein Pritschenwagen kommt die Auffahrt herunter und hält vor dem Haus. Es ist der Klempner Markos, er bringt die Heizkörper, ein Ungetüm von Heißwasserkessel und einen gußeisernen Ölofen. Allein kann er die schweren Teile nicht abladen und bekommt, ohne vorher gefragt zu haben, auch schon Hilfe von den Malern. Schnell sind die Sachen abgeladen, und Markos beginnt damit, die Heizkörper im Haus zu verteilen, um sie später dort zu installieren. Lange muß Markos nicht allein arbeiten, seine zwei Gesellen, die ihm etwas langsamer mit dem Motorroller gefolgt sind, werden ihn unterstützen. Einer der Gesellen hat eine große Tasche dabei, holt Kabel und zwei große Scheinwerfer hervor: »Wir werden die Nacht durcharbeiten, so werden wir es bis zum Donnerstag wohl schaffen alles zu installieren«, erklärt er auf meinen verständnislosen Blick hin. »Dann müssen wir aber noch unbedingt Dieselöl für den Generator besorgen«, sage ich, »sonst sitzt ihr möglichlicherweise im Dunkeln.«

»Die lassen sich aber auch wirklich Zeit mit dem Elektrischen, Markos ist dazugekommen, ihr solltet bei dem Stromlieferanten RWM noch einmal ordentlich Dampf machen. Ah, da kommt dein Mann.«

Dave hat nichts zu berichten »Jannis versucht, den Fenstertischler zu erreichen, und kommt später selber her.« In wenigen Worten erzähle ich, daß Markos und seine Leute eine Sonderschicht arbeiten werden und wir uns somit für die kommende Nacht keine Gedanken wegen der teuren Geräte machen müssen. »Wir müssen Diesel kaufen, damit die Stromerzeugung gewährleistet ist.«

»Hab' ich eben mitgebracht, Jannis hatte erwähnt, daß Markos heute länger arbeitet.

Am Spätnachmittag kommt Jannis und teilt uns mit, daß die Fenster, die Terrassentüren und die Haustür nun endgültig am Samstag kommen, also am Einzugstag in nunmehr vier Tagen. Dann fragt er, ob wir den Generator noch länger mieten möchten oder ob wir uns überlegt haben, einen eigenen zu kaufen. Darüber hatten wir in der Aufregung der letzten Tage überhaupt nicht nachgedacht. »Wir geben dir am Freitag Bescheid, Jannis, morgen haben wir noch einmal einen Termin bei Herrn Gathos, vielleicht wissen wir danach mehr.«

An diesem Abend sind David und ich sehr schweigsam, es ist nicht leicht, jetzt eine Entscheidung zu treffen. Samstag ins eigene Haus einziehen oder noch nicht, das ist jetzt die Frage. »Wenn wir jetzt einziehen, haben wir den Umzugsstreß hinter uns und kommen vielleicht eher zur Ruhe, Marie, was meinst du?«

»Wie soll ich darauf antworten, David? Es gibt so vieles zu bedenken. Was, wenn die Fenster und Türen nicht kommen, wir haben Oktober, und die Nächte werden kälter, abgesehen von dem Ungeziefer, das so mir nichts, dir nichts so ins Haus marschieren kann. Was ist mit der fehlenden Elektrizität?«

»Kochen könnte ich mit dem Campingkocher, da haben wir auch noch den Gasgrill, also für warme Mahlzeiten könnte ich sorgen. Den Kühlschrank könnten wir nicht nutzen, da es aber wie gesagt jetzt auch tagsüber kühler wird, würden wir auch das meistern. Was ist aber, wenn es so richtig kalt wird, es tagelang regnet, die Innenwände sind noch zu naß. Es müßte unbedingt geheizt werden, der Kamin alleine würde nicht genug Wärme bringen.«

»Also, der Elektriker könnte den Generator erst einmal provisorisch mit der Hausleitung verbinden, dann hätten wir Licht und könnten auch die Ölheizung nutzen. Zu frieren brauchten wir also nicht. Was die Fenster und Türen angeht, dabei ist mir auch nicht so ganz geheuer.«

»Du hast die Küche vergessen, Schatz«, sage ich, »was ist, wenn die Küche am Freitag auch noch nicht kommt?«

»Gut, machen wir es so: falls am Freitag die Küche kommt und Jannis uns noch einmal bestätigt, daß es mit den Fenstern und Türen klappt, ziehen wir in unser Haus ein. Wenn eine dieser Sachen nicht klappt, ziehen wir erst einmal in ein gemietetes Haus. Tom hat da ein schönes Haus für uns gefunden, ist nicht ganz billig, hat aber Heizung und Telefon. Wir werden es uns morgen einmal ansehen, ja?«

»Das ist eine gute Lösung, Dave, ich bin erleichtert, ein Lichtstreif am dunklen Horizont.«

»Guten Morgen, Herr Gathos, wir kommen noch einmal wegen des Stromanschlußes.« »Es tut mir ja so leid, daß ihr noch immer keinen Strom habt, ich hatte die feste Zusage unserer Elektriker, daß sie die Kabel bis spätestens Mitte dieser Woche ziehen.«

»Könnten Sie das bitte noch einmal abklären, wir müssen jetzt unbedingt wissen, wann wir mit dem Anschluß rechnen können, außerdem haben wir einen hohen Geldbetrag im voraus gezahlt und möchten nun natürlich auch etwas dafür haben.«

Sichtlich verlegen greift Herr Gathos zum Telefonhörer und wählt eine kurze Nummer, er spricht schnell und immer lauter, dann knallt er den Hörer aufs Telefon, und mit bedauernder Miene teilt er uns mit: »Das ist mir jetzt aber wirklich unangenehm, euch das sagen zu müssen, es gibt kein Kabel mehr für die Leitungen. Vor einigen Wochen ist schon neues bestellt worden, doch sind Lieferschwierigkeiten aufgetreten. Nun wurde schon

Material in Patras bestellt. Beim Hauptwerk, das viele Inseln, unter anderem auch Chaos, mit Strom versorgt. Die können das Kabel aber auch erst frühestens Anfang Dezember liefern, mit Glück.«

»Da kann man nichts machen, trotzdem vielen Dank, auf Wiedersehen, Herr Gathos.«

»Viel Glück« sagt Herr Gathos noch, als wir eilig und enttäuscht sein Büro verlassen.

»Sieh nur David, unser Haus hat seinen ersten Außenanstrich.« Wirklich, unser Haus sieht nicht mehr so häßlich grau aus. Es leuchtet in hellem Apricot, die Nischen der Fenster und Türen sind weiß gerahmt. Es sieht wirklich hübsch aus. Die Maler scheinen im Akkord gearbeitet zu haben. Marcos, der Klempner, ist auch schon – oder noch immer – da. »Leider müssen wir unsere Arbeit doch unterbrechen«, empfängt er uns am Eingang, »die Heizkörper sind alle angebracht, die Rohre im Heizraum auch zum Teil verlegt, leider haben wir feststellen müssen, daß man uns einen falschen Brenner geliefert hat. Dieser hier paßt nicht und kann nicht eingebaut werden.«

»Wann können wir denn damit rechnen Marco?« will David wissen.

»Na, mal überlegen, heute ist Mittwoch, wenn ich das Teil gleich in Athen bestelle, müßte es am Freitag, spätestens jedoch am Montag hier eintreffen. Ich komme dann sofort her und baue den Brenner ein. Alles andere machen wir heute, beziehungsweise morgen soweit fertig.«

Das glauben wir Marcos aufs Wort, er und die Maler sind die großen Ausnahmen: Sie sind unbedingt zuverlässig.

Ein junger Mann kommt langsam die Auffahrt heruntergeschlendert: »Hallo, ich bin euer nächster Nachbar, Nikos, ich möchte euch auf einen Kaffee einladen und euch meine Familie vorstellen, falls ihr Zeit habt. Wir hören immer den Generator laufen, gehört er euch?« David erklärt ihm, daß die Maschine nur geliehen ist und daß wir uns wohl einen kaufen müssen, da wir vor Dezember noch keinen Strom haben werden. »Oh, das sind fast zehn Wochen, die gehen schnell vorbei, ihr werdet sehen, wir haben fast zwei volle Jahre mit einem Generator vorliebnehmen müssen. Irgendwann hatten wir uns daran gewöhnt. Aber nun haben wir ja Strom, und wenn ihr wollt, leihe ich euch meinen Stromerzeuger, der steht zur Zeit sowieso nur in einer Ecke herum. Allerdings ist das ein Benziner, der Sprit ist etwas teurer als Diesel.« »Wenn's nur das ist, Niko, wir nehmen dein Angebot gerne an, danke schön.«

»Keine Ursache, aber kommt, wir gehen erst einmal Kaffee trinken, dann helfe ich euch nachher, den Generator mit herzutragen.«

So gingen wir mit Nikos, lernten seine junge Frau Katharina und seine drei kleinen Töchter kennen. Eine wirklich nette, hilfsbereite Familie.

Zwei Tage vor unserem Einzug ins neue Haus scheint die Sonne immer noch warm. Obwohl wir jetzt schon den 6.Oktober haben, zeigen die Eichen keine Spur von Herbstlaub und ein vorwitziger Apfelbaum auf dem Nachbargrundstück treibt sogar Blüten. Das Meer ist noch herrliche 26 Grad warm, in Hamburg herrschen zur Zeit Sturm und Dauerregen, und wir sind, dem Ärger der letzten Wochen zum Trotz, glücklich, hier zu sein.

Am Donnerstag mittag räumen die Maler das Haus, Marcos und Gesellen haben noch bis zum Nachmittag mit Schweißarbeiten im winzigen Heizungsraum zu tun.

Katie und Tom haben sich angeboten, uns beim letzten Hausputz vor dem Einzug behilflich zu sein, und dankbar nehmen wir ihre Hilfe an. Nun scheuern Katie und ich die feinen Zementreste und Farbkleckse von den weißen Kacheln in der Küche. Die Maler haben sehr sauber und sorgfältig gearbeitet, jedoch der eine oder andere Farbspritzer ließ sich dennoch nicht vermeiden. David und Tom schrubben die Natursteine auf den Terrassen. Die äußeren Fensterbänke sind aus Marmor und pflegeleicht. Wir müssen uns nicht lange quälen, dann ist wirklich alles sauber.

Verschwitzt wie wir sind, wollen wir nach Glyfada zum Schwimmen fahren. »Die beste Art, sich zu erfrischen nach der Plackerei«, sagt Tom und versucht, unseren Handfeger vor Jasper zu retten, der immer wieder an Tom hochspringt, um den Feger zu erwischen. Wir verabschieden uns von Marcos und Gesellen, die doch länger brauchen, als sie dachten. »Jetzt fahren wir erst einmal nach Glyfada zum Baden, wollt ihr nicht mitkommen?« fragt Katie scherzhaft. Marcos sieht uns fragend an: »Oh, ihr wollt schon weg, das ist aber dumm. Meiner Meinung nach wollte doch heute abend noch der Fenstertischler kommen und einiges einbauen, habt ihr das etwa vergessen?« David und ich sehen uns irritiert an, davon wissen wir in der Tat nichts. »Weißt du zufällig, wann der Typ kommen wollte, Marco?« will David wissen. Der zieht jedoch nur die Schultern hoch. »Vielleicht fragt ihr bei Jannis nach.«

»Wir fahren trotzdem ans Meer, vom nächsten Telefon rufen wir Jannis an und fragen nach was anliegt. Falls wir Jannis nicht erreichen, sind wir in einer Stunde wieder hier, bleibst du noch so lange da, Marco?« fragt David. Marcos hat noch länger zu arbeiten, und so machen wir uns beruhigt auf den Weg zum Strand.

»Jannis schien sehr erleichtert, als ich anrief, wir treffen uns in zwei Stunden am Haus. Es gibt einiges zu bereden.« Dave hat den Bauingenieur erreicht. Katie und Tom haben ihr Auto in Mandouki stehen lassen und sind mit uns gekommen. »Habt ihr es eilig heimzukommen, Katie?« »Ach wo, außer Pit und Pat erwartet uns doch niemand, wir haben viel Zeit, Marie, macht euch mal unseretwegen keinen Streß.«

»Das wird mit einem tollen Abendessen in dem Edelrestaurant in Mandouki zu später Stunde belohnt«, verspricht Dave. Begeistert nehmen wir diesen Vorschlag an.

Die Strandtaverne liegt verlassen da, Dimitris hat die Saison vorzeitig beendet. »Es lohnt sich nicht, wegen der wenigen Touristen noch geöffnet zu haben. Für uns geht jetzt die Arbeit weiter, unsere Olivenbäume müssen gepflegt werden, bald beginnt die Ernte der Oliven, und da müssen wir vorher hart ran«, hatte uns Dimitris an einem der letzten Abende verraten, als wir noch einmal seine köstlichen Kalamaris verzehrten.

Nur noch wenige Menschen halten sich in dieser schönen Bucht auf und so haben wir den ganzen langen Strand fast für uns alleine. Jasper tobt durch den Sand und kläfft aufgeregt die heranrollenden Wellen an. Er heult herzzerreißend, als wir alle zugleich im Wasser sind, immer wieder schlägt er mit einer Pfote ins Wasser, doch er traut sich nicht hinein, wasserscheu ist er, der Frechdachs. Nach dem ausgedehnten Bad schlüpfen wir erfrischt in saubere, wärmere Kleidung, die wir vorsorglich mitgebracht haben, denn die Abende sind schon empfindlich kühl. Wir haben uns ein wenig vertrödelt und es wird höchste Zeit zurück zum Haus zu fahren.

Stockfinster ist es, als wir die Auffahrt hinunterfahren. Keine Menschenseele ist zu sehen, soll das ein Scherz sein? Wir steigen aus, Jasper knurrt böse. Es ist nichts zu sehen, außer einem hellen Schein, als würde es hinter dem Haus brennen ... Katie legt den Arm um mich, und langsam schlendern wir unseren Männern hinterher. Jasper knurrt jetzt gefährlich böse, irgend etwas muß da doch sein. Vorsichtig schleichen wir Frauen, den mutigen Wachhund an der Leine führend um das Haus herum »Überraschung!« ruft Jannis.

Eine wirklich große Überraschung erwartet uns da. Sämtliche Arbeiter und Handwerker, die am Bau unseres Hauses mitgewirkt haben, sitzen im Kreis um einen großen Grill herum, an dessen Spieß sich ein nicht gerade kleines Lamm dreht. Viele in den Boden gesteckte Fackeln entlang dem Zaun erleuchten den ganzen hinteren Teil des Gartens. »Hier gibt's ein großes Barbecue, wie haben die das nur in der kurzen Zeit geschafft?« wundere ich mich. Da entdecke ich unsere Nachbarn Nikos und Katharina, sie klären uns auf: »Euer Bauingenieur war gestern noch bei uns und hat gefragt, ob es möglich wäre, daß zwei seiner Arbeiter heute in unserem Garten ein großes Lamm grillen dürfen, es sollte eine Überraschung für euch werden, weil das Haus nun so gut wie fertig ist. Natürlich waren wir einverstanden, so ein Lamm braucht schon ein paar Stunden, bis es gar ist. Nachdem ihr zum Schwimmen gefahren seid, haben wir es hierher gebracht, wo Marcos schon einen anderen Grill vorbereitet hatte. Na, das Ergebnis seht ihr ja nun.«

Auf dem Boden der höhergelegenen Terrasse reihen sich große 5 Liter Flaschen mit Rotwein aneinander, Schüsseln mit verschiedenen Salaten, Teller mit Schafskäse und Salami laden zum Naschen ein. Köstliche frische Brote warten darauf, mit dem reichlich vorhandenen Tzatziki verspeist zu werden. Nun beginnt einer der Leute auf seiner Gitarre zu spielen, singt ein altes griechisches Lied, und alle anderen Männer stimmen mit ein. Den Ärger und die Anspannung der letzten Wochen lassen wir für ein paar Stunden hinter uns.

Eine wunderschöne, fröhliche, Herbstnacht bricht an die uns für alle Zeiten unvergessen bleibt.

Viel geschlafen haben wir nicht in der vergangenen Nacht. Lange haben wir ausgelassen gefeiert, und dementsprechend sehen wir auch übernächtigt und verkatert aus. Heute soll endlich die Küche eingebaut werden, und so machen wir uns mit zwei großen Thermoskannen voll starkem Kaffee viel später als geplant auf den Weg zu unserem Haus.

Gegen Mittag treffen wir fast gleichzeitig mit dem Tischler dort ein. Die Spuren des nächtlichen Festes sind bis auf einige Fackeln restlos beseitigt. Im Haus werkelt der Tischler und schreit nach Strom, David schmeißt den Generator an, und vorbei ist es mit der Stille. In der Küche, ist der Sockel für die Schränke aufgestellt worden, Leisten markieren die Stellen, wo die Hängeschränke montiert werden sollen. Nach knapp zwei Stunden verabschiedet sich der Tischler schon wieder, er verspricht: »Morgen bringe ich die ganze Küche und die werde ich zusammen mit einem Kollegen einbauen, wie gesagt, morgen.« Das kann ja heiter werden, denke ich, die Küche, die Fenster und die Türen werden eingebaut, während wir die Möbel und den Hausrat unterbringen müssen, hoffentlich geht das gut.«

Es ist ja kaum zu glauben, aber wahr, nach langen sorgenvollen Monaten ist es morgen endlich soweit, wir werden in unser neues Haus einziehen.

Katastrophe namens Einzug

Die Fähre aus Italien liegt schon im neuen Fährhafen, wir sind überrascht und sehen uns nach unserem Möbelwagen um. »Da hinten parkt er.« Dave hat den Transporter entdeckt, aufgeregt gehen wir in seine Richtung, die Beifahrertür öffnet sich, und ein junger Mann springt heraus. Er winkt uns zu und ruft uns entgegen: »Also, das sach ich nu ma gleich, mit Ausladen wird das nu heude nix mehr, weil der Kaddelheinz is krank.«

»Guten Morgen erst einmal, schön, daß ihr da seid«, begrüßen wir den jungen Mann.

»Moin, moin, ich bin Ralf aus Hambuich. Kaddelheinz hat was midde Drüse an Magn, der hat unnerweechs nur gereihert, so'n Schiet.«

»Na Ralf, nun beruhige dich mal, ist Karlheinz in der Lage, den Wagen bis in unser Dorf zu bringen?« will Dave wissen.

»Ich muß ihm ma fragn«, und dann eilt Ralf auch schon davon. Nach einer knappen Minute ruft er uns zu: »Das tut grade ma so gehn, issas weit?« »Etwa 15 Minuten zu fahren«, antworte ich, »die Straßen sind ja noch leer.« Dann steigen wir in unseren Wagen, und langsam setzen wir uns in Bewegung. Der Transporter ist zu groß für die engen Straßen der Altstadt, und so müssen wir einen Umweg fahren. Aber auch dort kommen wir nur langsam voran, beim Einbiegen in die engen Nebenstraßen hat der Möbelwagen immer wieder Probleme und muß rangiert werden. Erleichtert atmen wir auf, als wir 20 Minuten später unser Dorf erreichen.

»Und wat is nu?« Karlheinz ist ausgestiegen. Wir sind an unserem Feldweg angelangt und müssen feststellen, daß der Lkw nun wirklich keine Möglichkeit hat, hier einzubiegen. Es ist kein Platz zum Rangieren vorhanden, die Einfahrt ist einfach zu schmal. »Wir sollten es auf dem Sommerweg versuchen, der ist breiter«, schlage ich vor. »Das stimmt, wir nehmen den Sommerweg, der ist auch gut befahrbar«, stimmt mein Mann mir zu. Also fahren wir weiter, den kleinen Umweg, »Kaddelheinz« ist wie es scheint, am Ende seiner Kräfte. Dann gibt es neue Probleme, wir sind in den Sommerweg eingebogen, die Zugmaschine mit dem kleineren Laderaum schafft es auch, Ralf ist ausgestiegen, gibt dem Fahrer Zeichen und weist ihm die Richtung. Langsam, zentimeterweise folgt der große Anhänger dem Motorwagen. Dann, als es fast geschafft ist, ertönt ein fürchterliches Knirschen und die gewaltigen Zwillingsräder des Hängers reißen einen Gartenzaun um. »Unn wat is nu?« Karlheinz ist sehr blaß und sehr ärgerlich. »Du bis aber auch ne olle Knalltüdde, Mönsch Ralf, hätts nich besser kuggn könn?«

»Nun reech dir mal nich gleich auf, is doch nich so schlimm, oder?«

David ist zu dem Gartenbesitzer gegangen, der an den zerstörten Zaun herangetreten ist. Nur kurz unterhalten sich die beiden, dann winkt Dave mich heran. »Ich wünschen herzliches Willkommen«, lächelt der Geschädigte. »Bitte warten hier, kommen gleich wieder.« Der nette Herr stiefelt davon. »Ich kann den Schaden in den nächsten Tagen erstatten, er möchte nur eine neue Rolle Maschendraht haben.« Dave ist sichtlich erleichtert. Toll, ohne viel Trara ist das schon geregelt, da kommt der nette Herr zurück und überreicht uns einen kleinen Korb mit frischen Eiern: »Damit ihr kräftig bleiben beim Ausladen.« Das ist eine nette Geste, finden mein Mann und ich, wir bedanken uns herzlich und beschließen, den netten Herrn in den nächsten Tagen zu besuchen. Ein ganzes Stück können wir auf dem Sommerweg zurücklegen, aber die nächste Kurve schafft der Lastzug nicht. Karlheinz rangiert das Gefährt auf eine Heidefläche und steigt aus: »Nu geht das in ech nich weider, nu geh ma vor, Ralf, un scheck ma den Weech, denn sachs mich hinnerher Bescheid, ob wir middn Modorwagn weiderfaahn könn. Wennas geht, denn bleip der Hänger hiär, un wir laadn den Kram speder um, wenn der Modorwagn leer is.«

»Beten wir lieber, daß die Zugmaschine wenigstens den kurvenreichen Weg bis zu unserem Haus schafft, David.« Ich bin ganz nervös. Ralf und mein Mann gehen nun das restliche Wegstück kontrollieren. Vorsichtshalber bleibe ich bei dem Fahrer, der nun käseweiß aussieht und sich vor Schmerzen krümmt. »Wir fahren sofort ins Krankenhaus, so geht das ja nicht«, schlage ich vor. »Nee, man bloß das nich, das hadde ich schon öffders, un das isie Bauchspeicheldrüse, sach der Dokder, ich muß nu ne Tabledde nehm und mir ausruhn, dann issas bald besser.«

Die beiden Späher kommen freudig zurück und David berichtet: »Der Motorwagen kann den Weg passieren, er wird auf unserem Grundstück abgestellt. Wenn es dem Fahrer besser geht, wird der Wagen ausgeladen, dann geht es leer zurück zum Hänger und dort werden die restlichen Sachen umgeladen. Ist zwar umständlich, jedoch unsere einzige Möglichkeit an unsere Habe zu kommen.« »Der Modorwagn wird aber zweima voll von Hänger, der ischa nu viel größer, also zweima fahn,« gibt uns Ralf bekannt.

Mit letzter Kraft startet Karlheinz noch einmal die Zugmaschine, rangiert den Anhänger in eine günstige Position, so daß man ihn später ungehindert ausladen kann. Der Hänger wird abgekuppelt, dann fährt der Motorwagen langsam hinter Ralf her, der voranschreitet. Mein Mann und ich fahren mit dem Jeep zurück ins Dorf und nehmen den kurzen Feldweg zu unserem Anwesen.

Keine Menschenseele finden wir vor. »Wo ist der Mensch, der heute morgen die Fenster und die Türen einbauen wollte? Und der Tischler mit der Küche?« Ich muß mich doch sehr wundern. »Sobald der Lkw hier ist, werde ich ins Dorf fahren und Jannis anrufen, so geht das ja nicht«, verspricht David. Da kommen sie, Ralf voran, und der große Laster bewegt sich langsam, rückwärts fahrend, die Einfahrt herunter bis zum Haus. »So, nu kann ich nix mehr tun«, stöhnt Karlheinz, »ich muß mir nu ersma aufn Ohr legn, sons brech ich zusamm.«

»Wie wäre es, wenn ich den Karlheinz nach Mandouki fahre, dort kann er sich hinlegen und ausruhen, sollte es dann schlimmer werden, kann ich ihn schnell ins Krankenhaus fahren«, schlage ich vor. »Das mache ich, Schatz.«, wendet David ein. Ich will doch den Jannis anrufen.« Käsebleich und stöhnend steigt Karlheinz in den Jeep, »Bis morgn, Ralf, tu ma die Stellung haltn.«

Ralf bleibt nichts anderes übrig, allein kann er den Wagen nicht leer räumen, und so steigt er in das Führerhaus des Motorwagens um in der Schlafkabine ein wenig auszuruhen. »Ich bleip heude nach hier un tu ma den Wagn bewachn.«

»Aber Ralf, es ist jetzt gerade acht Uhr morgens, willst du so lange durchschlafen?« wundere ich mich.

»Nö, aber ich tu lesn, hab n spanndes Buch.« Ich lasse Ralf in Ruhe und gehe ins Haus. Wie sehr hatten David und ich uns gefreut, hier heute zu übernachten, und nun?

Es ist langweilig herumzusitzen und auf die Rückkehr Davids zu warten. Ich muß aber hier warten, es könnte doch sein, daß der Tischler kommt. Oder daß die Fenster und Türen geliefert werden. Ich setze mich auf einen alten Klappstuhl in die Sonne und Jasper rollt sich auf meinem Schoß zusammen, so dösen wir vor uns hin.

»Hallo, Marie, schläfst du?« Jannis ist gekommen. »Hat David dich erreicht, Jannis?« will ich wissen. »Nein, wir müssen uns verpaßt haben, war noch keiner von den beiden Tischlern hier?«

»Nein Janni, bisher noch nicht. Was soll das nur werden? Schlimm genug, daß wir noch immer keinen Stromanschluß haben, aber ohne Fenster, Türen und Küche? Das geht mir zu weit!« rege ich mich auf.

»Also, Marie, die Fenster und Türen kommen heute, das verspreche ich dir, ich werde jetzt losfahren und dem Meister persönlich auf die Sprünge helfen, den Küchentischler werde ich anrufen, der kann auch was erleben.«

Dankbar begleite ich den Bauführer zu seinem Auto. »Bis gleich«, sagt er, dann fährt er davon.

Jasper ist aufgeregt und winselt, sein Herrchen kommt zurück. »Na, Schatz, ich habe Jannis eben im Dorf getroffen, ich weiß Bescheid.«

»Wie geht es dem Fahrer?« »Wir sind im Krankenhaus gewesen, er hat eine Spritze bekommen, und nun schläft er. Der Arzt meinte, daß er morgen wieder in Ordnung ist.«

»Gut gemacht, David, mußtest du ihn überreden ins Krankenhaus zu fahren?«

»Nein, Karlheinz war froh, daß ihm endlich geholfen wurde. Leider ist es uns aus versicherungstechnischen Gründen nicht möglich, mit Ralf die Möbel auszuladen. Das dürfen, laut Karlheinz, nur die Fachleute«, sagt David enttäuscht.

Jannis kommt zurück und teilt uns mit, daß die Fenster und Türen heute leider nicht geliefert werden können. Sie sind noch nicht ganz fertig, aber morgen, am Sonntag, ganz bestimmt. Und: »Den Küchentischler habe ich leider nicht erreicht, ich bleibe aber dran und versuche, ihn noch zu erreichen. Ihr könnt jetzt nichts mehr hier tun, fahrt am besten nach Mandouki. Wenn sich etwas ergibt, rufe ich heute abend dort an.«

Mein sonst so besonnener Ehemann explodiert: »Werden wir hier verarscht? Wenn morgen früh um acht die Fenster und Türen nicht hier sind und eingebaut werden, bezahlst du die Wartezeit für den Möbeltransporter, Janni, über die Küche unterhalten wir uns später. Es reicht, jetzt gibt es keine Kompromisse mehr. Du hast uns oft genug versichert, daß alles pünktlich fertig wird, und du wirst auch dafür einstehen! Komm, Marie, wir fahren in die Stadt und suchen unseren Rechtsanwalt auf, mal sehen, ob wir da nichts machen können.«

Wir lassen den erstmals sprachlosen Bauführer einfach stehen und machen uns auf den Weg. Nur langsam kann ich Dave beruhigen: »Schatz, heute ist Samstag, da erreichen wir unseren Anwalt nicht.«

»Weiß ich doch, Marie, mir fiel in meiner Wut nur nichts anderes ein. Wenn die Tischler morgen nicht kommen, werde ich mich am Montag von unserem Rechtsverdreher beraten lassen, so lange warten wir noch ab.« Ja, denke ich, warten wir wieder einmal ab!

In dieser Nacht finden wir kaum Schlaf. Während Karlheinz in der angrenzenden Kammer laut vor sich hin schnarcht, überlegen wir ernsthaft am

Montag in das Mietshaus zu ziehen, vorausgesetzt, unser Eigenheim bleibt bis dahin unverglast.

»Nu tu ich mir aber wieder besser fühln«, seufzt Karlheinz sichtlich erleichtert, »nu kann ich glatt Bäume ausreißn.« Ich muß lachen: »Es reicht, wenn du mit Ralf die Möbel und den Hausrat ausladst, das mit den Bäumen kannst du ja im Anschluß probieren.« Wir haben üppig gefrühstückt, und ich mache noch ein paar belegte Brote für Ralf zurecht. Gut gelaunt sind wir ein paar Minuten später auf dem Weg zu unserem Anwesen. Dort erwartet uns schon der halbverhungerte Ralf: »Mönsch, mich tut der Maagn knurrn, hab seit gestern middach nix mehr gefuddert.«

»Aamer Dschunge«, entgegne ich und reiche ihm das Lunchpaket. Ralf schnappt sich die Brote und macht sich gleich drüber her.

Laut knatternd kommt ein Auto den Feldweg entlanggefahren, dessen Auspuff anscheinend den Geist aufgegeben hat. »Na, hoffentlich ist es der Mensch mit den Fenstern«, brummelt mein Gatte. Pech, es ist ein Minilaster, der eine Fuhre Olivenholz ins Dorf bringt.

»So, ma ran anne Malooche, Ralf, beeil dir ma, kuck ma in Himml, sieht mächtig nach Regn aus.« Karlheinz steigt in den Möbelwagen und setzt den Koloß vorsichtig zurück, bis an die große Terrasse. »Wartet noch einen Moment, ich fahre schnell ins Dorf zum Telefonieren, eventuell disponieren wir um, wenn die Türen und Fenster heute nicht kommen«, bremst David den Arbeitseifer der beiden Hamburger Jungs. »Denn komm ich mit, muß inne Firma Bescheid sagn, dassas nu speeder wird midde Rückfahrt, sons gieb das Äger middn Obermagger.«

Gerade als mein Mann den Motor des Jeeps startet, kommt ein VW-Transporter die Auffahrt heruntergefahren. Auf der Ladefläche sind die langersehnten Terrassentüren, Fenster und Haustüren festgezurrt. Laut hupend kommt ein zweites Auto auf das Grundstück gefahren, es ist Jannis. Er steigt aus und winkt meinem Mann zu, der gerade wieder unseren Wagen verläßt.

»Siehst du David, ich habe Wort gehalten, das Haus wird heute endgültig fertig«, prahlt Jannis. »Ach ja?« frage ich, »und wo bleibt bitte schön die Küche? Und die Küchenzeile für das Gästehaus? Gestern sollte alles geliefert und eingebaut werden, außer den Leisten und dem Sockel für den Aufbau befindet sich noch nichts in der Küche.«

Sprachlos starrt Jannis mich an: » Ist die Küche wirklich noch nicht hier?« Er geht ins Haus, wo sich inzwischen Kisten und Umzugskartons stapeln, einige Möbel stehen auch schon im Wohnzimmer herum, und es sieht chaotisch aus.

Etwas verlegen kommt Jannis wieder heraus, geht zu seinem Wagen und holt sein mobiles Telefon aus dem Handschuhfach. Langsam setzt er sich auf den Beifahrersitz, und kurze Zeit später führt er ein lautes Telefongespräch, vielleicht mit dem verschwundenen Tischler? Krampfhaft versuche ich meine Neugier zu besiegen, tue einfach so, als ginge es mich überhaupt nichts an. Immer lauter wird die Stimme des Bauingenieurs, dann murmelt er noch etwas ins Handy und bricht das Gespräch ab. Sein Gesicht ist sehr ernst, als er auf uns zueilt: »Die Küche soll jetzt Anfang der Woche kommen.«

»Na, das ist ja mal was ganz Neues, in welcher Woche denn?« Dave hat sich nun eingemischt und will einen genauen Termin über die Küchenlieferung.

Jannis druckst herum, dann gibt er zu, den Küchentischler nicht erreicht zu haben: »Seine Frau war am Telefon, sie hat mir den neuen Termin gesagt, aber ich rufe heute mittag noch einmal dort an und werde mit dem Tischler persönlich sprechen.« Ich winke ab, bin enttäuscht und kann an keinen Termin mehr glauben: »Das wird noch lustig, so ohne Küche zu hausen, den Abwasch werde ich wohl im Bad erledigen müssen, oder?«

»Ich werde mich persönlich darum bemühen, daß die Küche morgen wirklich kommt«, verspricht Jannis. »Ja, ja, wenn du dich kümmerst, klappt sowieso nichts«, entgegne ich patzig. Wortlos geht der Bauführer um das Haus herum, etwas später hören wir, wie er mit dem Handwerker redet, der dabei ist die zweite von drei Terrassentüren einzubauen.

David sieht mich lächelnd an: »Komm, Schatz, wir machen mit unserem Jasper einen kleinen Spaziergang, ich habe hinter dem ersten Olivenhain einen total verwilderten Garten entdeckt, dort ist es wunderschön.«

»Können wir das Chaos hier wirklich sich selbst überlassen?« frage ich zweifelnd.

»Karlheinz hat gesagt, daß sie lieber den Wagen alleine leer räumen. Wir würden da nur stören, und ehrlich gesagt, den Jannis und den Fenstertischler möchte ich in den nächsten Minuten lieber nicht sehen. Ich muß mich erst einmal abreagieren.« Mein Mann ist sichtlich verärgert.

»Könnt ihr ma herkomm? Wir ham Probleme midde Möbels!« schreit Ralf und winkt uns heftig heran. »Zeich Kaddelheinz doch ma, wo was hinkommp!«

»Ischon gut Ralf, ich hab den Stellplan füre Möbeln nu gefunn!« meldet sich Karlheinz aus dem Laderaum des Lkws.

Kopfschüttelnd nimmt David unseren Hund an die Leine und mich an die Hand, dann marschieren wir los zum »Wilden Garten«. Ein Spaziergang wird uns wirklich auf andere Gedanken bringen, oder? Schweigend gehen wir nebeneinander her, der Himmel ist nun stark bewölkt, und es riecht nach Regen. Wir haben noch nicht einmal die Hälfte des Weges zurückgelegt, da beginnt es auch schon zu tröpfeln. »Das fehlt uns gerade noch, im Regen den Möbelwagen zu entladen, gehen wir doch besser zurück, Marie.« Eilig machen wir uns auf den Rückweg.

Karlheinz hat den Lastwagen mit dem Heck ganz an die große, überdachte Terrasse gefahren und eine Plastikplane vom Terrassendach bis über den Aufbau des Möbelwagens gespannt und dort befestigt. Eine klevere Idee, so gelangen Hausrat und Möbel doch noch trocken ins Haus. Gegen Mittag ist der Wagen leer geräumt, und die Packer fahren los, um die erste Fuhre vom restlichen Mobiliar aus dem abgestellten Anhänger zu holen. Eine Schweinearbeit, alles muß umgeladen werden, leider gibt es keine andere Möglichkeit, die Sachen herzuschaffen. Zum Glück hat es aufgehört zu regnen, das erleichtert die Sache ungemein.

Im Haus sieht es wüst aus, aber es ist eine gewisse Ordnung in dem Durcheinander vorhanden. Der Schlafzimmerschrank befindet sich an Ort und Stelle, nimmt eine ganze Wand für sich ein, das große Bett ist auch aufgestellt, und Kartons stapeln sich davor.

Unser Jasper wuselt aufgeregt im Haus herum und beschnüffelt alles ganz ausgiebig. »Braver Hund«, lobt Herrchen seinen Vierbeiner, während er den Hundekorb in eine ruhige Ecke des Schlafzimmers stellt. Jasper schmeißt sich übermütig in sein heißgeliebtes Bett, rollt sich zusammen und schließt die Augen, ganz müde ist der kleine Kerl.

Ich möchte damit beginnen, die Wäsche in den Kleiderschrank zu räumen, will vorher aber noch die Fächer des Schrankes auswischen. Wir haben zwar noch kein fließend warmes Wasser, aber kaltes tut es auch. Im Duschbad will ich einen Eimer mit Wasser füllen, drehe die Brause auf und zu meinem Entsetzen sehe ich, daß rabenschwarzes Wasser aus der Leitung kommt. Es muß nur ein Weilchen ablaufen, da ist noch zuviel Dreck in der Wasserleitung, denke ich. Damit es schneller abläuft, drehe ich auch noch den Hahn am Waschbecken voll auf. Langsam füllt sich das Waschbecken mit dem modrigen Wasser, wieso fließt denn das nicht ab? Ich ziehe den automatischen Stöpsel ganz aus dem Abfluß heraus, aber nichts passiert. Eilig schließe ich den Wasserhahn wieder, und von Panik erfaßt, verlange ich lautstark nach meinem Gatten. Das Dreckwasser steht in dem Waschbecken. Mein Mann kommt herbeigeeilt und sieht sich das Dilemma an. Er läßt nun Wasser in die Duschwanne laufen, glucksend fließt die Brühe in den Abfluß, dann hört das Blubbern auf, und die Duschwanne füllt sich langsam mit dem schwarzen Naß. Dann geht Dave zum Klo und hebt den Deckel auf, das Wasser steht bis zum oberen Rand, irgendwer hat es benutzt und abgezogen. Natürlich ist auch dieses Wasser nicht abgeflossen. Wütend verläßt mein Mann das Bad und ruft nach Jannis, der auch gleich kommt und sich staunend die Bescherung ansieht. »Das Wasser ist ja schwarz«, stellt er fest. »Ja eben«, gebe ich meinen Senf dazu, »und es fließt kein bißchen ab!« Jannis verdreht die Augen: »Ich rufe sofort den Klempner an, hoffentlich erreiche ich den Markos«, sagt er noch im davonlaufen. Wieder sitzt er in seinem Auto und telefoniert. Etwas später teilt er uns mit, daß Markos sofort kommen will: »Ich habe auch mit dem Tischler gesprochen, die Küche will er nun am Dienstag liefern.«

»Ach was, am Dienstag schon? Ja an welchem denn?« frage ich frech. Jannis zuckt mit den Schultern und ist wieder einmal ratlos.

Inzwischen sind alle Fenster und Terrassentüren eingesetzt, inklusive der Außenlamellen und der Fliegengitterrollos. »Das Einbauen ging doch enorm schnell«, stellt mein Mann fest, »wenn man bedenkt, wie lange wir darauf gewartet haben.«

Nun werkelt der Tischler an der Haustür herum, meckert vor sich hin, weil die Tür nicht in den Rahmen passen will. Da mischt sich Dave in das Selbstgespräch des Handwerkers ein und gibt dem erstaunten Mann den klugen Tip: »Versuch es doch einmal mit der richtigen Haustür, wie ich das so sehe, hast du die Tür des Gästehauses am Wickel, und die hat ja einen ganz anderen Anschlag.« Mit offenem Mund begutachtet der Tischler die falsche Tür und macht sich erleichtert auf die Suche nach der richtigen Tür.

Inzwischen habe ich sämtliche Wasserhähne – vier an der Zahl – im Garten aufgedreht, damit das Dreckwasser aus den Leitungen entweichen kann.

Der Möbelwagen kommt zurück und wird wieder bis an die Terrasse rangiert, Ralf verkündet: »Den machn wir nu noch leer, un denn is Feieraamp, wir fahn denn ersma essn!«

Gelassen nehmen wir das zur Kenntnis, hoffen jedoch insgeheim, daß wir uns den beiden nachher anschließen können.

Markos ist mit zwei Gesellen angekommen und sieht sich die Bescherung im Bad an. Das Wasser in der Duschwanne und im Waschbecken ist um Millimeter gefallen.

»Wie hat denn eigentlich die Putzkolonne das Wischwasser entsorgt?« will ich wissen, »da muß es doch mit dem Abfluß funktioniert haben.« Markos erklärt: »Das stimmt, da hatten wir die Rohre aber noch nicht eingebuddelt, sie waren provisorisch zusammengeschraubt und direkt mit der Klärgrube verbunden.«

Nun begeben sich Meister Klempner nebst Gesellen in den Garten zu einem quadratischen, im Erdreich eingelassenen, ummauerten Loch. »Das Ding nennt man Trumpf«, erklärt Markos stolz, dann öffnet er den Deckel und schaut in die Tiefe. Aus einem dicken, vom Haus kommenden Rohr tropft ein wenig Wasser in den Abwasserschacht. Ein weiteres Rohr, etwas tiefer gelegen, verbindet diesen Schacht mit der eigentlichen Klärgrube. Markos erteilt einem Gesellen irgendwelche Anweisungen, dieser eilt nun zum Firmenauto und kommt mit einer mächtigen Drahtspirale zurück. Er steigt in den Schacht und beginnt, die Spirale langsam in das aus dem Haus kommende Abwasserrohr zu schieben. Nach ein paar Zentimetern bewegt sich der Draht jedoch nicht weiter. Markos fordert den Mann auf, den Schacht zu verlassen, er will sich selber an die Arbeit machen. Langsam krempelt der Meister seine Hemdsärmel hoch und greift mit einer Hand in das Rohr »Eigenartig, äußerst seltsam«, murmelt er. Dann springt er aus dem Trumpf, verlangt lautstark nach einem Spaten und beginnt zu graben. Nach kurzer Zeit liegt ein etwa zwei Meter langes Rohrstück in einer Tiefe von circa einem Meter frei. Der Meister beginnt, mit einem Hammer auf das Rohr zu klopfen. Es klingt total dumpf, und nur auf dem letzten Stück zum Schacht hin klingt es hohl. Jetzt beginnt Marcos wütend zu fluchen, und schreit nach seinen Gesellen. Sie sollen das Rohr, dort, wo es dumpf geklungen hat, der Länge nach aufsägen. Da es Kunststoffrohre sind, ist diese Arbeit schnell getan, sie biegen das Rohr auseinander, und dann hören wir, wie Markos förmlich explodiert.

»Welcher hirnverbrannte Idiot hat dieses Rohr mit Beton zulaufen lassen!« schreit er. Jannis runzelt seine Stirn und zuckt mit den Schultern, er hat, wie gewöhnlich, keine Ahnung. Niemand von uns kann sich erklären, wie der Beton in das Rohr gekommen ist.

»Das kann sich hier nur um Sabotage handeln«, stellt der Bauführer fest und erntet von allen Seiten böse Blicke. Markos beauftragt seine Gesellen, das betonierte Rohr zu entfernen, während er persönlich neues Rohrmaterial besorgen will, schließlich ist Sonntag, und nur er weiß, welche Hintertür eines Baumarktes heute geöffnet ist.

Fast eine halbe Stunde haben wir die Wasserhähne im Garten laufen lassen und müssen nun zu unserem Entsetzen feststellen, daß es nach wie vor völlig verdreckt ist. Einfach ekelhaft.

Nachbar Nikos kommt uns besuchen, er möchte uns im neuen Haus willkommen heißen. David spricht ihn auf das Leitungswasser an, und Nikos gibt zu verstehen, daß das Wasser seit dem letzten Freitagabend schon so schmutzig ist. Der Dorfbrunnen ist vermodert, und die Pumpe fördert mit dem Wasser auch den Schlamm zutage. Er tröstet uns: »Das kommt hier öfter, vor aber morgen soll die Pumpe etwas höher gezogen werden, sollte dann immer noch kein sauberes Wasser gefördert werden, muß wohl oder übel ein neuer Brunnen gebohrt werden. Das kann aber dauern, bis dahin müßt ihr aus dem Nachbardorf Wasser holen, Kanister sind dort beim Krämer billig zu kaufen. Ihr könnt heute von mir einen Kanister mit 20 Liter Frischwasser bekommen, ich habe genug da.« Lieber, netter, guter Nikos.

Na, das sind ja schöne Aussichten, vielleicht sollten wir uns überlegen eine Zisterne zu bauen. Diesen Vorschlag werde ich in einem günstigen Augenblick meinem Mann unterbreiten. Jetzt muß ich ihn damit erst einmal verschonen, seine Nerven liegen blank.

Unsere Möbelpacker haben die letzten Kartons ins Haus geschleppt. Nun wollen sie mit dem Laster nach Glyfada fahren, eine Runde schwimmen und auf dem Rückweg in einem netten kleinen Restaurant in Vatos speisen. Nikos hat es freundlicherweise übernommen, den beiden den Weg zu erklären und auf einer zerfledderten Landkarte von Chaos zu markieren. Wir müssen Ralf versprechen, später ins Restaurant nachzukommen. Hoffen wir, daß es nicht allzulange dauert, wir sind sehr hungrig.

Es dunkelt schon, als der Klempnermeister und seine Gesellen den Schaden behoben haben und sich verabschieden. Jannis verspricht, morgen wieder vorbeizuschauen, und zieht auch von dannen. Dave schmeißt den Generator an, und o Wunder, unsere Stehlampe erleuchtet das wundervolle Durcheinander im Wohnzimmer. Glücklich schauen wir uns an: »Jetzt kann es doch eigentlich nur besser werden, oder?«

Wir richten noch unsere Betten her und würden am liebsten gleich hineinfallen. Erschöpft wie wir sind, waschen wir uns notdürftig, schlüpfen in saubere Jeans und Pullis. Zum erstenmal gehen wir gemeinsam um unser Häuschen und schließen die äußeren Lamellen vor den Fenstern und Terrassentüren, gehen wieder ins Haus und verriegeln alles von innen.

Jasper sitzt schon vor dem Jeep, macht auf sich aufmerksam, damit wir ihn bloß nicht vergessen. Dann machen wir Drei uns auf den Weg nach Vatos, wo uns Kaddelheinz und Ralf aus.Hambuich schon fröhlich erwarten. »Morgn früh tun wir den Ress ausn Hänger holn, un denn versuchn wir, die speede Feehre zu kriegn, nä, Kaddelhaainz?« Ralf hat also Heimweh.

Wir essen nur eine Kleinigkeit, sind für ein üppiges Mahl einfach zu müde, wollen nur schnell nach Hause und schlafen. Karlheinz und Ralf haben noch keine Lust mitzukommen: »Wir zischn nochn Bier, un denn tun wir zurückfahn nachn Hänger, da penn wir denn auch inne Kojn im Modorwagn. Morgn früh tun wir denn umladn und komm zu euch, so gegn halb elf sind wir denn wohl da.«

Ja dann, tschüs, bis morgen. ihr zwei.

Wir haben herrlich geschlafen in der ersten Nacht in unserem neuen Haus. Leider habe ich nichts geträumt, was in Erfüllung gehen könnte, oder habe ich den Traum vergessen? Irgendwie bin ich noch nicht ganz wach, als ich durchs Haus schleiche. Die Fenster sind alle geöffnet. »Die waren alle fürchterlich von innen beschlagen, auf dem Boden waren richtige Pfützen. Heute abend müssen wir ein paar Handtücher vor die Fenster legen«, berichtet Dave erstaunlich gut gelaunt. Er hat eine winzige Ecke unseres riesigen Eßtisches leer geräumt und war schon im Nachbardorf einkaufen. Der liebe Dave hat Salami, Käse und frisches Brot gekauft, Kaffee und zwei von den frischen Eiern gekocht. Sogar an Kanister und Wasser hat mein Schatz gedacht. Es ist wundervoll, das erste gemeinsame Frühstück zwischen Pappkartons und dem übrigen Wirrwarr, es stört uns in diesem Moment überhaupt kein bißchen.

Kurz vor zehn rollt der Möbelwagen zum letzten Mal die Auffahrt herunter und parkt vor der Terrasse. Keine vier Stunden später ist der Wagen gänzlich entladen. Karlheinz hat zu guter Letzt noch einen Hexenschuß bekommen, und Ralf ist nun damit beschäftigt, nach Anweisung seines lädierten Kollegen die letzten Schränke zusammenzubauen und wieder einzuräumen. Am frühen Nachmittag verabschieden sich die netten Hamburger Jungs von uns und machen sich auf die Heimreise.

Drei volle Tage haben wir benötigt, um alles auszupacken und wieder einzuräumen. Na ja, alles ist übertrieben, vor der Küchentür, gleich neben dem großen Tisch im Eßzimmer, stapeln sich 20 große Umzugskisten mit dem Küchengeschirr. In dem winzigen Flur stehen noch die original verpackten Küchengeräte, die auf ihren Einbau warten total im Weg herum. Ja, ja, ganz recht, die Küche ist immer noch nicht da. Jannis hat uns gestern mitgeteilt, daß es noch eine Weile dauern wird, bis sie geliefert wird. Der Tischler hat die Schränke noch nicht einmal zugeschnitten. Zum Anwalt sind wir natürlich nicht gegangen, wir genießen lieber die Unordnung in unserem langersehnten Heim.

Seit einigen Tagen haben wir wieder sauberes Leitungswasser, das ist doch wirklich etwas Positives.

Gemütlichkeit und Panik

Vier Wochen später, Anfang November, warten wir immer noch auf unseren Stromanschluß und die Einbauküche. Das Wasser kommt wieder schwarzgrau aus der Leitung, aus diesem Grund kann unsere Zentralheizung leider nicht in Betrieb genommen werden. Das versandete und vermoderte Wasser würde den Leitungen, den Heizkörpern und dem Heizkessel schaden. Ganz zu schweigen von der Wasserpumpe des Systems.

Vorsichtshalber haben wir reichlich Kaminholz gekauft. Das in großen Stücken gesägte Olivenholz nimmt fast die Hälfte der überdachten Terrasse in Anspruch.

Die Nächte sind empfindlich kühl geworden, und es regnet an manchen Tagen ununterbrochen. Obwohl der Kamin täglich bis spät in die Nacht brennt, reicht seine Wärme nicht annähernd aus, um die noch feuchten Wände des Hauses auszutrocknen. Die Folge davon ist, daß sich unsere schönen Bilder – Drucke – hinter dem Glas gewellt haben, die Wäsche ist klamm, unser Bettzeug auch. Trotz der unliebsamen Mängel haben wir uns irgendwie an diesen Zustand gewöhnt, wir würden auch die täglichen, lästigen, fordernden Anrufe bei Jannis und der Elektrizitätsgesellschaft, ehrlich gesagt, vermissen: »Wann kommt denn endlich?«

Jeden zweiten Tag fahren wir nach Vatos, holen in großen Kanistern Wasser aus dem Dorfbrunnen. Wir brauchen viel Wasser, David hat irgendwo eine überdimensionale Gießkanne erstanden, die, mit warmem Wasser aufgefüllt, eine prima Dusche abgibt. Das warme Wasser entnehmen wir einem großen, alten Suppentopf, der im Kamin nahe der Glut seinen Platz gefunden hat. Den Luxus zu duschen gönnen wir uns jeden Abend, und er gehört zu den größten Freuden in dieser trostlosen Zeit. Morgens findet nur »Katzenwäsche« statt, wir weigern uns, morgens im Bad vor Kälte zu bibbern.

An sonnigen, sehr trockenen Tagen wird das Haus mindestens bis zum frühen Nachmittag gelüftet, Bettzeug, Kleidung und Jaspers Körbchen werden zum Austrocknen hinausgetragen. Dann sitzen wir auf unserer südlichen Terrasse und genießen die wärmende Sonne, den Gesang der Vögel und schrecken gelegentlich auf: Die schießwütigen, hirnlosen, Möchtegernjäger, verkleidet in Militärklamotten, machen wieder Jagd auf kleine Singvögel.

Später dann, so gegen drei, werden die getrockneten und nach Sonne duftenden Gegenstände zurück ins Haus befördert. – Da können sie sich nach wenigen Stunden wieder, mit Feuchtigkeit angereichert, klamm anfühlen.

Das Feuer im Kamin wird angezündet, knisternd beginnt das Olivenholz zu brennen und verströmt einen angenehmen Duft. Der Not gehorchend, verbringen wir die meiste Zeit vor unserem Kamin, rösten weiterhin Kartoffeln und Maronen in der Glut. Umzingelt von Umzugskartons, die geduldig darauf warten, vom Geschirr, Pütt un Pannen befreit zu werden, sitzen wir später im Kerzenschein am großen Eßtisch. Die Kartoffeln und Maronen dampfen auf unseren Tellern, wir essen sie mit frischem Tzatziki und dem wohlschmeckenden Schafskäse, Feta.

Nach dem gemütlichen Essen geht David hinaus und stellt den Generator an. Diesen Moment schieben wir immer so lange wie möglich hinaus, die Maschine ist fürchterlich laut. Bevor wir uns in die Betten verkriechen, wird noch einmal das Kaminfeuer geschürt und eine Menge Holz nachgelegt. Die elektrischen Heizdecken auf den Matratzen haben sich, dank Stromerzeuger, in kürzester Zeit erhitzt, unsere unterkühlten Glieder genießen die kuschelige Wärme. Jasper liegt zwischen uns und stellt sich schlafend, der Schlawiner, ich merke sehr wohl, daß er uns aus den Augenwinkeln heraus anblinzelt. Genüßlich nippen wir an griechischem Rotwein und schauen uns alte Videofilme an.

Das Stromaggregat rattert monoton vor sich hin, bis das Benzin, nach drei Stunden Dauerbetrieb, zur Neige geht und das Aggregat seine Arbeit einstellt. Mein David schnarcht schon leise vor sich hin, bevor ich einschlafe bemerke ich noch, daß es begonnen hat heftig zu regnen. Na ja, es ist schließlich Winter, da darf es auch mal ... wieder ... R... krrrr ...

Irgendwer reißt uns frühmorgens aus dem Tiefschlaf, hämmert unablässig an die Tür, laut »Kirie David, Kirie David, ghrieghora!« rufend. – Das ist griechisch und heißt soviel wie: Herr David, schnell! Jasper rennt aufgeregt durchs Haus und bellt wütend. Immer noch prasselt der Regen aufs Dach und gegen die Fenster, wir beeilen uns, in die klamme, warme Kleidung zu schlüpfen. David hastet als erster zur Haustür, und dann höre ich ihn schrecklich laut brüllen: »O nein!«

Böses ahnend, gehe ich langsam hinaus, was ich sehe, ist schier unglaublich: Unser Haus befindet sich in einem reißenden Fluß schmutzigen Wassers. Unentwegt fließt es den Berg herunter in das, was unser Garten werden soll, teilt sich dort, wo unser Haus steht, um sich hinter dem Haus wieder zu einem Strom zu vereinen. Das hochgezogene Fundament des Hauses ragt nur noch wenige Zentimeter aus der schlammigen Brühe heraus.

Männer aus dem Dorf, vom Nachbarn Nikos alarmiert, sind gekommen. Mit Hacken und Schaufeln bewaffnet, versuchen sie, knietief im Wasser watend, einen Graben um unser Grundstück zu ziehen. Es scheint so hoffnungslos.

Unendlich traurig schaut mein Dave mich an: »Nun wissen wir wenigstens, warum dieser Acker so günstig war, er ist im Winter ein Flußbett!« Nur mit größter Mühe halte ich meine Tränen zurück, kann nur leise sinnloses Zeug stottern: »Ja, und bald haben wir Weihnachten.«

David hat die Hosenbeine bis zum Knie aufgerollt und watet langsam zu den schwer arbeitenden Männern, die sich vergeblich abmühen die Wassermassen umzuleiten. Vom Dorf her bahnt sich dröhnend eine Planierraupe den Weg zu unserem Grund. Nikos hat sie irgendwo arbeiten sehen und den Fahrer des schweren Gefährts überredet, uns zu helfen. »Der hat sich nicht lange bitten lassen«, gibt Nikos uns zu verstehen. »In der Not halten wir hier alle fest zusammen.« Der gute Nikos, dankbar nehmen wir seine Hilfe an. Dank dem mechanischen Helfer ist in kürzester Zeit ein tiefer Graben um unser Grundstück gezogen, der auch bald darauf seinen Zweck erfüllt. Langsam fließt das Wasser ab. Zurück bleiben erschöpfte Männer und ein total verwüstetes Grundstück. Zum Glück haben wir noch nicht begonnen, den Garten anzulegen, denke ich und gehe ins Haus.

Mit Hilfe des kleinen Campingkochers will ich Glühwein für alle Helfer zubereiten. Die probieren inzwischen auf der großen, überdachten Terrasse die bequemen Gartenstühle aus. Die Becher mit dem heißen Glühwein finden großen Anklang, laut schlürfend und schmatzend wird so mancher Becher mit dem hier unbekannten Getränk geleert. Wild reden die Männer aus dem Dorf auf Nikos ein, da er der englischen Sprache mächtig ist, soll er unbedingt das Rezept dieser nassen Köstlichkeit erfragen. Eine Flasche Rotwein und die nötigen Zutaten lege ich auf ein Tablett und trage es vor die Tür. Die Herren schnuppern an den Gewürzen, nicken zustimmend, streiten ein wenig über die Namen der Gewürze und prosten uns fröhlich zu. Zwischendurch serviere ich noch aufgeschnittenes Brot, Salami und Feta, bereite literweise Glühwein zu. Die Tagung dauert an.

In leicht beschwipstem Zustand wird nun darüber diskutiert, wie man denn bitte schön das Grundstück der »armen Ausländer« ein für allemal trocken legen kann. Geduldig nehmen wir die verschiedenen Vorschläge zur Kenntnis. Einer gefällt uns besonders gut: »Eine Mauer rundherum, die ganzen 260 Meter lang und schön hoch, mindestens 1,80 Meter, damit das Wasser nicht überschwappen kann.« Eine chinesische Mauer, mitten auf Chaos? Wir werden noch ein Weilchen darüber nachdenken.

Der stolze Besitzer besteigt seine Planierraupe, schiebt einen Teil des ausgehobenen Lehmbodens dorthin, wo ursprünglich unsere Grundstücksauffahrt war, planiert alles fein säuberlich und verteilt das restliche schwere Erdreich im Garten. Dann rollt das schwere Kettenfahrzeug nebst seinem Fahrer langsam zurück ins Dorf.

Am späten Nachmittag gießt es immer noch wie aus Eimern und es ist fast dunkel. Die verbliebenen Nachbarn und Retter verabschieden sich herzlich von uns. Mit glasigen Augen vom vielen Glühwein – nebst Inhalt einer Flasche Jägermeister – treten sie etwas unsicher auf den Beinen – der Lehmboden ist glitschig, und sie stützen sich gegenseitig, – den Heimweg an. Vielleicht ein wenig durchgefroren, aber glücklich und satt von noch mehr Brot, Salami und Käse.

David füllt Brennholz in zwei große runde Waschkörbe und schleppt sie ins Haus, es wird höchste Zeit, den Kamin anzuheizen. Ich räume die Reste vom Gelage fort und finde doch noch, so ganz nebenbei, eine fast geleerte Dreiviertelliterflasche Anisschnaps, Ouzo. Na, denn man prost!

Eine Stunde später sitzen wir auf dem Sofa vor dem wärmenden Kaminfeuer und haben es urgemütlich. Wir schlürfen Tee, knabbern Kekse im Kerzenschein und hören Beethovens Neunte, schön laut, damit der Lärm des Generators auch ja übertönt wird.

Jasper hebt unruhig den Kopf, springt von Herrchens Schoß und läuft bellend zur Haustür. David sieht mich fragend an, dann verlassen wir nur ungern unsere kuscheligen Plätze und stürzen auf die Tür zu. »Oh, bitte, nicht schon wieder eine Überschwemmung«, stöhnt Dave und öffnet hastig die Haustür. Es jetzt 21.45 Uhr und stockfinster draußen, ein Auto mit aufgeblendeten Scheinwerfern schliddert die aus aufgeweichtem Lehm bestehende Auffahrt herunter und kommt mit einer schwungvollen Drehung kurz vor der Terrasse zum Stehen. Es ist ein großer, schwerbeladener VW-Transporter: »Hurra, die Einbauküche ist da!« Es sind tatsächlich der Tischlermeister und sein Geselle, die leider etwas zu hastig aus dem Auto steigen. Der Meister rutscht gleich aus und fällt der Länge nach in den Matsch, der Geselle rutscht auch, fängt sich jedoch gerade noch so an der Ladefläche des Autos ab. Der Meister hat sich laut fluchend aus dem Modder erhoben und versucht, mit einem alten Putzlappen sein verschmutztes Gesicht zu säubern. David zieht mich eilig ins Haus. »Grins nicht so laut, die merken das doch«, sagt er, schnappt sich unsere Waschschüssel, füllt aus einem Kanister Wasser hinein und trägt sie nachdraußen. Die Säuberungsaktion »Tischlermeister« kann beginnen. Ich bringe dem Ärmsten noch einen alten, jedoch sauberen und trockenen Jogginganzug meines Mannes hinaus. Wenig später tragen Meister – nun in viel zu großen Klamotten – und Geselle die zerlegte Küche ins Haus. »Scheint heute ein echt langer Abend zu werden und eine noch längere Nacht«, verkündet mein Mann. »Dafür aber auch eine erfolgreiche Nacht«, ergänze ich, glücklich lächelnd.

David geht hinaus, um noch mehr Feuerholz zu holen, die Tischler beginnen, die aus Einzelteilen bestehenden Küchenschränke zusammenzufügen und aufzustellen. Die Elektrogeräte werden eingebaut: »Anschließen muß das aber der Elektrologo«, erklärt uns der Meister, »das können wir nicht.« David zwinkert mir aus einem sehr müden Auge zu und tippt sich auf die Brust. »Ich mache das schon, nachher, wenn ich ausgeschlafen habe«, sagt er und begibt sich ins Bett, nachdem er noch einmal den Generator mit Benzin gefüttert hat. Kurz vor drei Uhr sind die Tischler fertig. Meine Einbauküche ist wundervoll, die Tischler sind total erschöpft und verabschieden sich mit einem müden Lächeln und leisen Stimmen. Sie packen ihr Werkzeug zusammen, steigen in den VW, der Motor wird gestartet, und dann drehen die Räder durch, eine Salve lehmiger Matsch fliegt durch die Luft, über die Terrasse direkt auf mich zu. Im letzten Moment schaffe ich es noch die Haustür zuzuknallen, verstört kommen mein David und sein total verschlafen aussehender Hund herbei. »Was ist los, ist etwas explodiert?« fragt er mich. Ich berichte kurz über das Geschehene, und mein armer Mann sieht sich genötigt, sich wieder anzukleiden, denn der Motor des Tischlerautos heult nach wie vor – sogar den Lärm des Generators übertreffend – auf, und die Räder bewerfen pausenlos unser Haus mit Dreck. Im »Ostfriesennerz« und in Gummistiefeln, mit einer Taschenlampe in der Hand, verläßt mein Angetrauter das Haus über die hintere Terrasse, um so dem an der Hausfront herniederprasselnden Schlammregen zu entgehen.

David kann den Fahrer des Transporters dazu bewegen, den Motor abzuschalten. Dann holen drei vor sich hin fluchende und müde Männer dicht belaubten Bambus und Reisig aus der Wildnis. Damit legen sie die Auffahrt aus, ein paar Zweige werden vor die Antriebsräder des Fahrzeugs gelegt, und nun geht die Abreise der Handwerker ungehindert vonstatten. Endlich, es ist schon fast vier Uhr als wir nun völlig übermüdet in unsere Betten fallen. – Do not disturb please.

Plastiktüten und Beton

Es regnet noch eine ganze Woche lang ununterbrochen, dann wagt sich die Sonne wieder hervor. Dampfende Luft um uns herum, die Sonnenstrahlen reflektieren von den Blättern der Bäume und Pflanzen. Unser Garten! Das heißt, der Acker, der einmal unser Garten werden soll, ist ein riesiges Schlammfeld und wir müssen uns gedulden, bis die Auffahrt vom Haus zum Feldweg befestigt werden kann. Während des Dauerregens haben wir keine größeren Ausflüge in die Stadt unternommen, und somit fielen auch die üblichen Einkäufe sprichwörtlich ins Wasser. Wir haben sämtliche Lebensmittelvorräte vernichtet. Ausgehungert, mit verdächtig laut knurrenden Mägen beschließen wir, eine Einkaufstour in den größten Supermarkt der Insel zu starten. Der völlig aufgeweichte Feldweg weigerte sich in den letzten Tagen strikt, Pkws aller Art, nebst Inhalt, passieren zu lassen. Dank unseres Jeeps mit Allradantrieb konnten wir den »Unbezwingbaren« jedoch überlisten und gelangten problemlos zur Dorfstraße.

Diesen Drang einzukaufen verspüren wohl viele Chaoten. Die ganze Bevölkerung, so scheint es, befindet sich beim Einkauf. Der Parkplatz vor dem Supermarkt ist völlig überfüllt, und wir müssen warten, bis ein Fahrzeug seinen Platz freigibt. Dort, wo normalerweise die Einkaufswagen aufgereiht sind, klafft eine Lücke, stehen die Menschen Schlange, um einen dieser begehrten Lastenträger zu ergattern. David sprintet zurück zum Parkplatz, luchst einem Kunden, der gerade seine erstandenen Schätze im Kofferraum seines Wagens deponiert, den Einkaufswagen ab. So ausgerüstet beginnen wir in der Gemüseabteilung die lange Wanderung durch den Supermarkt mit seinem vielfältigen Angebot. Die Zeit vergeht wie im Flug, nach knapp zwei Stunden finden wir uns in einer der langen Menschenreihen, die sich vor den Kassen gebildet haben wieder. Ungeduldig bin ich, und David mahnt mich zur Gelassenheit. »Wir sind ja nun gleich dran.«

»Gleich dauert mir aber zu lange!« stöhne ich. Ein Herr mittleren Alters packt zu meinem Bedauern unentwegt seine Errungenschaften auf das Laufband. Eine junge Angestellte im blaßblauen Kittel stopft die Waren, nachdem sie von der Dame an der Kasse registriert wurden, lieblos in zahllose Plastiktüten. 22 Tüten zähle ich, die nun wieder in dem inzwischen leer geräumten Einkaufswagen landen. Nur mühsam schiebt der mittelältliche Herr seine Errungenschaften Richtung Ausgang davon, um damit seinen fahrbaren Untersatz hoffnungslos zu überladen. Unsere Einkäufe finden in vier mitgebrachten Jutetaschen Platz, umweltbewußt wie wir nun einmal sind.

»Nun komm schon«, drängelt mein Mann. Wie angewurzelt stehe ich da, mit offenem Mund und fasziniert zeige ich auf das was ich da sehe: Ein Herr mittleren Alters ist damit beschäftigt, den größten Teil seiner, 22 schweren Plastikeinkaufstüten an seinem winzigen Motorroller zu befestigen. Je drei Tüten baumeln rechts und links am Lenker. Sechs Tüten sind auf und neben dem Sozius festgezurrt, fünf Tüten haben da Platz gefunden, wo normalerweise die Füße des Fahrers während der Fahrt geparkt sind. So, nun zottelt der Herr einen Lederriemen aus seiner Jackettasche, zieht ihn durch die Henkel der verbliebenen Tüten. Er knotet den Riemen zusammen, und dann hängt er sich unter höchster Anstrengung die restlichen fünf Tüten über die Schulter, schiebt einen Arm zwecks Gewichtsverteilung durch das Tütengewirr, schiebt sich nun die Tüten zurecht, drei auf den Rücken, und zwei baumeln vor seinem Bauch. Vorsichtig zwängt der Tütenakrobat sich auf den verbliebenen Rest des Rollersitzes, schafft es auch, irgendwie das Zweirad in Gang zu bekommen, gibt Gas und tuckert gemächlich von dannen. »Nun mach mal deinen Mund zu und setz dich in Bewegung, wie lange soll ich denn noch warten«, nörgle ich und schiebe meinen David vor mir her.

Zu Hause angekommen, erwartet uns gleich eine neue Überraschung: Da steht ein Unimog vor der Einfahrt, der Farbe und den Schriftzeichen an der Fahrertür nach, vom Elektrizitätswerk. Ein Elektriker zeigt uns den neuen Stromzähler und erklärt: »Die Energie fließt, den Hausanschluß muß euer Elektrologo bewerkstelligen, dafür sind wir nicht zuständig.« Bedauernd zuckt er mit seinen Schultern, und einen Abschiedsgruß murmelnd, steigt er zu seinem Kollegen in das Dienstfahrzeug, langsam wühlt sich der schwere Wagen durch den Matsch des Weges zurück zur Dorfstraße.

Der Dezember naht, dann ist es endlich soweit. An einem wunderschönen, sonnigen Samstagmorgen sind sie da, die Betonbauer. Sie laden eine enorme Menge Schalholz, Eisenmatten, dicke Rollen dünnen Drahtes und einen großen Pappkarton mit langen Nägeln von einem Lastauto. Inzwischen haben Ingenieur Jannis und der Vorarbeiter des Trupps den Hofplatz sowie die fünfzig Meter lange und drei Meter breite Strecke ausgemessen. Eine dünne Schnur markiert die Umrisse der zukünftigen Auffahrt, dann beginnt das Klopfen und Hämmern. Die Männer arbeiten sehr rasch und bis zum Nachmittag ist alles eingeschalt, ohne jedoch auch nur einen Kubikzentimeter des Bodens bewegt zu haben. Die miteinander verdrahteten Eisenmatten haben ihren Platz gefunden, sie sollen der langen Betonpiste nachher die nötige Stabilität geben.

»Das sind wahre Profis«, sagt Jannis – das glauben wir sofort,-, »bis heute abend sind Hof und Einfahrt betoniert«, fügt er noch hinzu. »Nun fängt er wieder an, enorm zu spinnen«, flüstert Dave mir zu. Ich bin da ganz seiner Meinung und möchte dem noch etwas hinzufügen, doch meine Worte werden vom Lärm völlig verschluckt. Es sind zwei gigantische Betonlaster mit ebenso gigantischen, ständig rotierenden Trommeln. Ein drittes Ungetüm von Lkw rollt heran, es ist ein überdimensionaler Kompressor, mit dessen Hilfe der fertige Beton aus den Mischern durch lange, dicke Schläuche in die vorbereitete Riesenform gepumpt wird. Uns fehlen wirklich die Worte, die Männer stehen bis zu den Knien im Zementgemisch und verteilen es gleichmäßig. Immer neue Wagen mit Beton rollen heran, werden entleert, unermüdlich, bis in den späten Abend. Große Scheinwerfer beleuchten seit Stunden die Baustelle. 22 Uhr ist schon vorbei, da sind Auffahrt und Hofplatz aufgeschüttet. Jannis stellt fest, daß er sich verrechnet und zuviel Beton bestellt hat. Aufgeregt steht er in der müden Arbeiterschar und kratzt sich verlegen das Kinn. Er begutachtet intensiv die Gräben, die links und rechts der Auffahrt unser Land vom Feldweg trennen, und verlangt dann lautstark nach Davids Anwesenheit. Nach einer kurzen Lagebesprechung werden die verbliebenen Reste der Eisenmatten in die Gräben geschleppt, mit Draht zusammengebunden und kurzerhand mit dem Restbeton bedeckt. »So habt ihr schon einmal ein tolles Fundament für eine Mauer«, erklärt Jannis. »Ja, ein Fundament, dicker als das vom Londoner Tower«, bemerkt David noch bissig, verabschiedet sich von der ungewöhnlichen Truppe, plaudert noch ein wenig mit dem Herrn Ingenieur Jannis und kommt dann zurück ins Haus.

Erschöpft vom Mithelfen, schaut mein Ehemann seine vom Nichtstun erschöpfte Frau an und sagt heiser: »Doof ist er ja nicht, der Jannis, eine Mauer mit einem starken Fundament würde die Sturzfluten schon aufhalten. Na, das Fundament hätten wir ja schon mal, aber der Kerl hatte noch eine andere geniale Idee!« Er spannt mich auf die Folter, ich bleibe aber ruhig, und so fährt er fort: »Willst du nicht wissen, was für eine Idee Jannis hat? Ich sag's dir, morgen will er mit dem Klempner kommen, und die Heizung wird in Betrieb genommen!« Ich kann meinem Besten nicht folgen und frage nach: »Mit unserem Dreckwasser soll das nun doch gehen? Hä? Und wieso haben wir bisher geklappert in diesen feuchten Räumen?« »Doch nicht mit dem Modderwasser aus unserer Leitung, Mariechen, nee, die bringen einen Wassertankwagen, gefüllt mit feinstem Regenwasser, aus irgend so 'ner Zisterne!« Ich war sprachlos, nicht etwa wegen dieser genialen Lösung, nein, nein, denn diese Idee hatte ich Jannis schon kurz nach unserem Einzug unterbreitet. Damals hatte er, arrogant lächelnd, meine Idee als undurchführbar verworfen. Ich erinnere meinen Mann an diese Begebenheit und erklärte säuerlich: »Der kann was erleben, der Schweinepriester der genialen Ideen der! Ich warte nur, bis die Heizung einwandfrei funktioniert, dann jage ich ihn zum Nordpol, mindestens ...«

Es hat tatsächlich alles geklappt, die Heizung tut seit einer Woche das, was sie soll: schweres Heizöl in wohlige Wärme umwandeln, und zwar Tag und Nacht, was das Zeug hält. Die immer noch in unserem Gemäuer wohnende Feuchtigkeit muß endlich vertrieben werden.

Die Mauer zu beiden Seiten unserer Einfahrt ist in Arbeit. Vier emsige Spezialisten sind am Werkeln, zwei Steinmetze behauen unförmige, fußballgroße Natursteine zu mehr oder weniger runden Kugeln, ein Handlanger schleppt die fertige schwere Last zu dem einzigen Maurer, der die Steine sehr gekonnt zusammenfügt. Groß und wunderschön sieht die zum Teil fertige mannshohe Mauer aus. Wie gut, daß das Fundament in der Lage ist, ein so wuchtiges Mauerwerk zu tragen.

Schreck in der Morgenstunde

In der Nacht werden wir aus unserem Tiefschlaf gerissen. Jasper ist laut bellend vom Bett gesprungen und steht nun gefährlich knurrend vor der Terrassentür unseres Schlafzimmers. Verstört blicke ich meinen Gatten an: »Siehst du mal nach, Dave?« »Muß das sein? Mir ist nicht wohl, so einfach aus der Tür zu marschieren«, flüstert Dave. Wir beschließen, der Sache gemeinsam auf den Grund zu gehen, außerdem haben wir ja unseren mutigen Wachhund dabei. Vorsichtig schleichen wir zur Haustür, David hält sich krampfhaft an seiner großen Taschenlampe fest, und ich habe mich mit dem Nudelholz bewaffnet. Leise öffnet er die Tür, und unser Jasper stürmt wie ein Irrwisch hinaus und rennt ums Haus auf die Terrasse. Es ist stockfinster. Plötzlich gibt unser Hund keinen Laut mehr von sich, wir hören nur ein lautes Schnaufen. Ängstlich bleiben wir erst einmal stehen und schauen vorsichtig um die Hausecke. Dave richtet mutig den Strahl der Taschenlampe in die Richtung der Terrassentür unseres Schlafzimmers. Es ist unglaublich, was da im grellen Lichtkegel sichtbar wird: Jasper beschnuppert fröhlich wedelnd ein riesiges Pferd. Ein weißer Schimmel ist über den fast zwei Meter hohen Gartenzaun gesprungen und hat es sich auf der überdachten Terrasse gemütlich gemacht. Der Gaul hat kein Zaumzeug um, und wir überlegen, wie wir das Tier am besten vertreiben können. David läuft im Schein der Taschenlampe, so schnell er kann, die Auffahrt hinauf und öffnet das große Tor zur Straße, gerade zur rechten Zeit. Jasper verhält sich instinktiv wie ein echter Hütehund, vorsichtig zwickt er den Gaul in die Hinterläufe und springt blitzschnell an die Seite um den Tritten auszuweichen, der Schimmel läuft in den Garten, und unser Hund treibt ihn wie ein Profi zum Tor hinaus auf den Feldweg. David pfeift Jasper zurück und schließt das Tor. Das Pferd läuft in Richtung Dorf davon, und nun kehrt endlich wieder Ruhe ein in unserem kleinen Paradies. Wir Ahnungslosen . . .

»Hast du das eben gehört?« Mein Mann stupst mich an. Müde rekle ich mich und schaue verschlafen auf die Uhr. »Es ist doch erst halb sieben, was ist denn los?« murmle ich. »Jemand hat geschossen!« sagt er. »Ich habe nichts gehört, Schatz.« Du hast gewiß geträumt, will ich noch sagen. Doch meine Worte gehen in einer Salve von entsetzlich laut knallenden Schüssen unter. Hunde bellen wie wild, und auch Jasper ist nicht zu beruhigen. Wir schlüpfen in unsere Bademäntel und gehen hinaus.

Es ist unglaublich: In der Morgendämmerung zieht eine Schar Männer in militärischen Kampfanzügen, laut um sich ballernd, durch die sonst so friedliche Natur und schießt wahllos in die Bäume. Wir trauen unseren Augen nicht, die Möchtegernjäger machen Jagd auf kleine Vögel mit riesigen Schrotflinten! Insbesondere die armen Drosseln müssen daran glauben. In diesem Moment fliegen Schrotkugeln durch die Luft, einige prasseln auf unser Haus hernieder. Mein Mann holt tief Luft und schreit der Meute etwas auf griechisch zu, daraufhin gehen die Männer mit ihren Hunden weiter. Wir vernehmen den ganzen Tag lang aus allen Himmelsrichtungen die Schüsse aus den Schrotgewehren.

Nachbar Nikos klärt uns später auf: Wenn die Scharen der Zugvögel aus dem Norden kommen, beginnt hier die Jagdsaison und dauert bis zum März an. Allerdings ist das Schießen in Dorf- bzw. Häusernähe streng untersagt, doch die wenigsten der Schießwütigen nehmen darauf Rücksicht.

Na, das sind ja traurige Aussichten: Haben die meisten der griechischen Männer so wenig Selbstbestätigung, daß sie es nötig haben, mit Tausenden von kleinen Schrotkugeln auf einen winzigen Vogel zu schießen? Was geht nur in diesen Köpfen vor? Wir können es einfach nicht begreifen und uns nur schwer mit dieser Tatsache abfinden, doch wir sind schließlich Gäste in diesem Land und müssen wohl oder übel die alten Bräuche akzeptieren. Müssen wir wirklich?

Zwei Tage später steht auf der Titelseite der Zeitung »Chaosblatt« ein großer Protestartikel gegen das grausame Jagen auf die kleinen gefiederten

Sänger. Hoffen wir, daß die großen Herren Jäger mit dem kleinen Verstand begreifen, was sie eigentlich anrichten. Schließlich töten sie nicht nur kleine Tiere, sie vergiften ja auch den Boden mit Blei, es gelangt mit Sicherheit in das Grundwasser und in die Nahrungsmittel, oder etwa nicht?

Wo, bitte, bleibt die Post?

Es sind nur noch zwei Tage bis zum ersten Heiligen Abend in der neuen Heimat. Langsam bummeln David und ich durch die festlich geschmückten Straßen der Altstadt Chaotikis. Die Sonne scheint warm am strahlend blauen Himmel, und es ist uns gar nicht weihnachtlich zumute, sondern eher nach Ostern. Wann konnten wir schon einmal in Hamburg in Sommerjeans und Sweatshirt unsere Weihnachtseinkäufe erledigen? Noch nie!

Erschöpft vom Bummeln gehen wir in ein Straßencafé, suchen uns einen schattigen Platz unter einer mächtigen Palme und studieren die Speise- und Getränkekarte, die auf dem Tisch ausliegt. Der Plastikeinband ist mit unterschiedlich aussehenden Eisportionen gestaltet. »Ich möchte bitte eine große Portion Eis und einen Espresso«, überlege ich laut, und David schließt sich meinen Wünschen an und gibt unsere Bestellung an den rasch herbeigeeilten Kellner weiter. Der zieht kurz die Schultern hoch und schaut uns mitleidig an: »Im Winter gibt es kein Eis, nirgendwo hier, ich kann Ihnen eine heiße Suppe bringen oder ein anderes Gericht.« Dabei dreht er die Eiskarte um und deutet auf ein aufgemaltes, heiß aussehendes Würstchen. »Dann bitte nur Kaffee für mich.« Dave schaut mich fragend an, und ich nicke beifällig. »Also, zwei Kaffee, sehr gern,« sagt der Ober und verschwindet im Laden. Ein wenig enttäuscht sind wir schon, es ist so warm draußen, und dann gibt es noch nicht einmal Eiscreme. Genüßlich schlürfen wir den lauwarmen Kaffee und beobachten die vorbeigehenden Menschen.

Man kann ganz deutlich die Chaoten von den Touristen unterscheiden. Letztere gehen in Sommerklamotten, während die Einheimischen in dicker Winterkleidung die Straßen der Stadt bevölkern. Die Verkäuferinnen in den kleinen Läden sind dick vermummt und machen einen sehr erschöpften Eindruck, während sie mit blassen Gesichtern den Wünschen der Kunden nachkommen.

Schließlich ist es Winter auf Chaos und kein Geschäft, außer vielleicht dem Postamt und eventuell der Nationalbank, gönnt sich den Luxus, an kalten Tagen zu heizen. Wenn die Sonne nicht scheint, wird es ganz schön ungemütlich in den feuchtkalten Geschäften. Während das Personal durchgefroren die Kunden bedient, wärmt sich der Chef meistens zu Hause am Kamin und erscheint nur zur Visite, um das viele Bargeld einzusammeln, das die Untergebenen mit klammen Fingern eingenommen haben.

»Wir müssen noch unsere Post abholen und beantragen, daß man uns die Briefe zustellt«, sage ich, als wir uns wieder auf den Weg machen. Seit wir auf der Insel sind, bekommen wir unsere Briefe postlagernd. Jetzt, da wir unseren festen Wohnsitz haben, wollen wir das ändern. »Die Zustellung ihrer Postsendungen ist überhaupt nicht möglich, es führt keine befestigte Straße zu Ihrem Haus«, erfahren wir vom zuständigen Beamten. Er macht uns den Vorschlag, die für uns bestimmten Briefe und Benachrichtigungen im »Tante-Emma-Laden« unseres Dorfes abzugeben, dort können wir diese dann in Empfang nehmen. Diesen Vorschlag akzeptieren wir und fragen nach der heutigen Post. Der Herr hinter dem Schalter schiebt ein Paket und ein paar Weihnachtskarten über den Tresen. »Ein Paket«, wir können nicht schnell genug den Absender entziffern, »von Elke und Michael«, staunen wir. Damit haben wir überhaupt nicht gerechnet. Schwer ist es, das Paket, und wir beeilen uns, es ins Auto zu bringen, das auf dem nahegelegenen Parkplatz inclusive Hund, auf uns wartet.

Eigentlich wollten wir ja noch die staatliche Telefongesellschaft aufsuchen, um nachzufragen, wann wir mit unserem Telefonanschluß rechnen können. Im Juni haben wir den Antrag gestellt, und bisher ist rein gar nichts passiert. Da müssen wir den zuständigen Sachbearbeitern auf den Wecker gehen und, wann immer sich die Möglichkeit ergibt, unser Ziel verfolgen, so nach dem Motto: »Steter Tropfen höhlt den Stein.« Ein – mehr oder weniger – kleines großes Trinkgeld soll hier auch schon Wunder gewirkt haben. Diese Möglichkeit ziehen wir auch in Betracht, aber erst im neuen Jahr, wenn die hektischen Feiertage vorüber sind und alles wieder im Normalgang vonstatten geht.

Auf dem Heimweg stoppen wir vor unserem winzigen Dorfladen. Es ist uns unbegreiflich, welche Vielfältigkeit an Waren auf höchstens acht Quadratmetern Platz findet. Eingezwängt zwischen zwei überladenen Regalen sitzt die Chefin – in eine dicke Wolldecke gehüllt, – an der Kasse. Sie beäugt uns neugierig und ruft mit schriller Stimme nach »Irina!« Ein viel zu dünnes Mädchen kommt herbeigeeilt und fragt auf englisch nach unseren Wünschen. David erklärt die Sachlage mit unserer Post, und das Fräulein übersetzt der Chefin das Gesagte. Die atmet tief und geräuschvoll ein, und dann prasseln nie gehörte Worte auf uns hernieder. Irina dolmetscht: »Sorry, aber Sie sind keine Stammkunden, wir übernehmen nicht Ihre Post!« Peng, das hat gesessen. »Ist mir auch viel lieber, wer kann schon täglich so eine Megäre von Frau in einem Laden von der Größe eines Schuhkartons (David hat Schuhgröße 46), ertragen«, gibt mein Mann von sich, packt mich bei der Hand und zieht mich aus dem Laden, vor dem sich ein mittlerer Menschenauflauf gebildet hat. Unter den Versammelten befindet sich auch ein netter Nachbar, der das große Glück hat, an einer geteerten Nebenstraße sein Anwesen zu haben. »Kein Problem, häng einfach deinen Briefkasten an meine Mauer, es macht mir Freude euch zu helfen«, bietet er uns freundlich an. Ob das nun eine gute Idee war, wissen wir nicht, jedenfalls kommt die Ladenbesitzerin plötzlich aus dem Laden geschossen und keift unseren verdatterten Retter an. Nun darf er zur Strafe nicht mehr bei der Furie im Schuhkarton einkaufen. »Das macht mir überhaupt nichts aus, die verkauft sowieso nur altes, vergammeltes Zeug«, behauptet unser freundlicher Nachbar und bringt sich rasch in Sicherheit. Wir beschließen, das Angebot des freundlichen Herrn dankend anzunehmen und gleich nach dem Fest unseren Briefkasten zu installieren.

Es ist schon schummrig und unangenehm naßkalt, als wir unser Heim erreichen. Wohlige Wärme umfängt uns im Haus, wir beeilen uns, die Mitbringsel zu verstauen, dann machen wir uns über das Weihnachtspaket her. Zuoberst liegt eine hübsche Weihnachtskarte: »Erst am 24.Dezember öffnen«, liest David und schaut mich fragend an. Das Risiko zweier schlafloser Nächte wollen wir jedoch nicht eingehen, und so siegt die Neugier. Das Paket wird ausgepackt, dabei kommen wir aus dem Staunen nicht mehr heraus. Was hat nur alles in dem Weihnachtspaket Platz gefunden: wunderschöne Weihnachtsservietten, ein Kauknochen und Hundekuchen für Jasper, eine große Dose Grünkohl, sechs Kohlwürste, Lebkuchenherzen,

Printen, je vier Marzipanbrote und Baumstämme aus Marzipan-Nugat umhüllt mit feinster Vollmilchschokolade, verschiedene Sorten delikater Trüffel, Dominosteine, Weihnachtstee und zu guter Letzt noch ein 1000-g-Christstollen, gefüllt mit Persipan. Alles liegt nun sorgsam ausgebreitet auf dem Eßtisch. »Liebe süße Elke, woher wußtest du nur, daß wir nach diesen Leckereien – hmmm, herzlich willkommen künftiges Übergewicht – hier auf der Insel vergeblich gesucht haben.«

Nun ist unser Weihnachtsfest fast perfekt, wenn wir jetzt noch schönes sauberes klares Wasser hätten ...

Schaumschläger

Die Arbeiten an der Mauer sind inzwischen abgeschlossen worden. Der »Elektrologo« hat es zwischen den Feiertagen sogar noch geschafft, die Gartenbeleuchtung zu installieren.

Sehr ungemütlich und frostig waren die ersten sechs Wochen des neuen Jahres. Nun scheint seit einigen Tagen die Sonne, und es ist merklich wärmer geworden Wilde Kräuter, verschiedene Grasarten sprießen überall aus dem ehemaligen Schlammfeld, unserem Garten. Gänseblümchen haben große Flächen besiedelt und blühen fleißig. Daran werden wir auch nichts ändern, irgendwann werden wir einen blühenden Wildrasen haben, der auch in den heißen Sommermonaten noch ein wenig Grün zeigt und nur wenig Pflege beansprucht.

Meine bessere Hälfte und ich haben uns in die Gartenarbeit gestürzt. Aus einer nahen Gärtnerei haben wir die ersten meterhohen Palmen, etwas größere Orangen-, Klementinen-, Zitronen- und Pfirsichbäumchen besorgt und eingesetzt. Enttäuscht stellen wir fest, daß die Pflanzen nach dem Einpflanzen geschrumpft sind, in den überdimensionalen Töpfen wirkten sie doch erheblich größer.

David entfernt einige wilde Zweige von den beiden alten Apfelbäumen und entdeckt unter dem abgeschnittenen Geäst eine mickrige Astgabel, die er ein wenig zurechtstutzt und mir überreicht: »Geh mal eben Wasser suchen, wenn du fündig wirst, bauen wir uns einen Brunnen.« Verdattert wechselt mein Blick zwischen dem lachenden Ehemann und der Astgabel in meiner Hand. Während ich mich scherzhaft daranmache, den soeben erhaltenen Auftrag auszuführen, sage ich so im Vorübergehen: »Das ist doch eine meiner leichtesten Übungen.« David grinst und beginnt dann laut, vor sich hin pfeifend die Äste wegzuräumen. Verwirrt muß ich feststellen, daß die Astgabel in meinen Händen ständig zittert und beginnt, sich selbständig zu bewegen. Sie schwingt auf und ab, mal stärker, richtig mit Kraft, dann wieder zaghaft. Noch einmal schreite ich zurück, wieder reagiert das Holz in meinen Händen. Aufgeregt rufe ich nach meinem Mann, der hat mich schon eine ganze Weile beobachtet und ermuntert mich weiterzugehen. Sorgsam markiert er die Plätze im Garten, die mir von der »Wünschelrute« angezeigt werden. »Wo hast du den Ausschlag am meisten gespürt?« will Dave wissen. Ich beschreibe die Stelle zwischen unseren drei Olivenbäumen. »Fein«, sagt er, »dann werden wir da mal nach Wasser bohren lassen.« Ungläubig schaue ich David an, der nickt mir aufmunternd zu: »Was haben wir schon zu verlieren?« Na, na, ein paar tausend Drachmen werden es schon sein, denke ich noch ein wenig verwundert über meine gerade erkannten Fähigkeiten.

Hätte mir jemand erzählt, daß wir eine Woche später einen eigenen Brunnen haben, ich hätte denjenigen für komplett verrückt erklärt.

Die Aktion »Brunnen« raubt uns den letzten Nerv. Unvorhergesehenerweise, rollt in Begleitung eines schmächtigen Herrn »John«, eines australischen Griechen, ein mittelgroßer Schaufelbagger auf unseren Acker. Ich bin entsetzt, was soll die Megaschaufel hier? Doch nicht etwa einen Brunnen graben? John drosselt den Motor und lehnt sich weit zur Türöffnung, ruft meinem Mann zu: »Wir brauchen einen großen Wasservorrat, der Bohrkopf muß im festeren Erdreich immer freigespült werden, sonst kann es sein, daß er irgendwo da unten steckenbleibt,« Dabei zeigt er mit dem Daumen auf die Erde. Das klingt einleuchtend.

John hinter sich herwinkend, geht Dave mit großen Schritten auf die Markierung zu.

Unweit des künftigen Bohrloches wird nun ein Loch, sieben mal vier Meter und drei Meter tief ausgehoben, das unverzüglich mit Wasser aufgefüllt werden muß. John verlegt einen Gartenschlauch vom nächstgelegenen Wasserhahn zum Krater und dreht den Hahn auf. Schwarzbraunes, unappetitlich aussehendes Wasser strömt aus dem Schlauch. Er reibt sich die

Augen, und fassungslos fragt er: »Hey, Dave, bist du sicher, daß der Wasserhahn nicht mit der Klärgrube verbunden ist?« »Witzbold«, kontert mein Mann, warum, glaubst du, möchten wir hier bohren.«

»Ruf mich an, wenn das Loch voll ist«, verabschieden sich John und sein Schaufelbagger. Fein, denke ich, wir haben einen Teich, einen klebrigen Lehmhügel, und dann schaue ich nach unten auf meinen fröhlich wedelnden Hund: »Komm mir ja nicht auf die Idee ... « und da rennt der Bengel auch schon los, rauf auf den Matschberg, laut kläffend, er sprüht förmlich vor Lebensfreude, der weiße Hund auf schwarzem Grund.

Zwei volle Tage und eine Nacht sind nötig, um den Schmutzwasserstand auf die richtige Höhe zu bringen. Bedeutungsvoll schaut mein Mann auf die Uhr und meint: »Es ist bereits halb sieben, bald ist es dunkel und jetzt ist das blöde Loch voll, ich rufe John an.«

»Was, um diese Zeit noch?«

»Jawohl!«

Keine Stunde später: In stockdunkler Nacht rangiert ein ungeheuerlich großes Lastauto – mit einer fest montierten Riesenbohrmaschine huckepack – auf dem Feldweg nach Johns Anweisungen hin und her und hin und ... Bis es endlich, ohne anzuecken, durch unser verhältnismäßig schmales Tor zuckeln kann.

Normalerweise können jeder Kleinlaster und jede Limousine unser Tor problemlos passieren, es sei denn der Fahrer ist zu dusselig. Nur monströse Vehikel mit gigantischen Ausmaßen haben da so ihre Schwierigkeiten, die Einfahrt richtig zu treffen.

Also, das Ungetüm hat die Einfahrt passiert, und nun ist der Fahrer so richtig in Fahrt. Er bemüht sich aufrichtig, den letzten Rest festen Bodens zu ramponieren, bis er den Bohrturm in die richtige Position gebracht hat. »Da gibt es sowieso kein Wasser, da brauchen wir überhaupt nicht erst anfangen zu bohren«, meint er, nachdem er die von einem Scheinwerfer angestrahlte, markierte Stelle begutachtet hat. David wirft einen kurzen, unsicheren Blick in meine Richtung und bittet John, unverzüglich mit der Arbeit zu beginnen. Irgendwie ist mir flau im Magen, der Gedanke, daß hier kein Wasser sein könnte, lastet wie Blei auf meiner Seele.

Monoton dröhnt die Maschine vor sich hin, langsam frißt sich der Bohrer in den Boden, Meter um Meter, Stunde um Stunde. Ich bin ins Bett gegangen und versuche ein wenig zu schlafen.

»Wasser! Schatz, wach auf, wir haben Wasser!« David ist schier aus dem Häuschen und hat mich, entgegen seiner Art, sehr unsanft geweckt. Verstört setze ich mich im Bett auf und sehe auf den Wecker, es ist erst kurz nach fünf. Stockfinster ist es und sehr still. Direkt unheimlich. Dann werde ich angestupst, mein Dave murmelt: »Du hast wohl geträumt, schlaf mal weiter.«

»Was ist mit dem Brunnen?« will ich wissen.

»Haben Schluß gemacht, machen morgen weiter, nun schlaf endlich.« brummel, brummel ...

Das Bett neben mir ist fast leer, Jasper hat es sich dort bequem gemacht. Es ist ungewöhnlich hell draußen, als ich hinausblicke, muß ich mich doch sehr wundern, es hat geschneit! Geschneit? Aber die Terrasse ist doch überdacht? Ich springe aus dem Bett und öffne die Terrassentür, im gleichen Moment warnt David mich auch schon: »Mach die Tür schnell zu, sonst läuft Schaum ins Haus.« Die Maschine scheint noch lauter zu dröhnen als gestern abend, ich schließe hastig die Tür, dann kommt mein Mann herein und erklärt: »Der Bohrer wühlt sich durch Felsen, nun pumpen die Leute Seifenwasser in das Bohrloch, damit er nicht hängenbleibt.« Ich gehe von Fenster zu Fenster und sehe nichts als Schaumberge, von unserem Jeep sieht man nur noch das Dach. »Sind die total bekloppt?« entweicht es mir. »Nimm's nicht so schwer, Marie, grinst David, in zwei bis vier Tagen ist alles wieder weg ...«

Am späten Nachmittag schweigt plötzlich die Maschine, John schreit: »Wir haben tatsächlich Wasser gefunden, Wasser!« Wie durch Watte höre ich diese schönen Worte, und ich bin überglücklich.

Nun ist wieder beschauliche Ruhe eingekehrt in unserem kleinen Paradies der lästige Schaum ist verschwunden, und der Teich wurde zugeschüttet.

Der Brunnen ist knapp 70 Meter tief und fertig ausgebaut. Der für uns schönste Moment war, als.das erste Wasser aus der Leitung floß. Sauber und klar. Nach endlos langem Warten konnte der Boiler der Ölzentralheizung in Betrieb genommen.werden. Die Waschmaschine und der Geschirrspüler haben ihren Job aufgenommen. Jasper wurde gebadet, seither weigert er sich, mit allen vier Pfoten, mir ins Bad zu folgen, ich darf sogar allein, ohne seine Begleitung, aufs Klo.

Irgendwie werde ich das Gefühl nicht los, daß meine Haut dünner geworden ist, seit ich täglich ausgiebig dusche.

Familienzuwachs ...

Herrlich warm ist es, wir faulenzen und genießen die Märzsonne. Übermütig versucht Jasper, eine Eidechse zu jagen, die an uns vorbeihuscht. Überall blüht und grünt es, die Knospen der Bäume werden von Tag zu Tag dicker und werden wohl in den nächsten Tagen aufbrechen. Liebevoll betrachte ich mein Kräuterbeet und warte sehnsüchtig darauf, daß die Saat aufgeht. David sieht mich mitleidig an, und ich denke frech: »Was verstehst du schon von Kräutern!«

Mitten ins friedliche Nichtstun läutet plötzlich das Telefon. Pardon, das mobile Telefon!

Mit einem festen Anschluß können wir frühestens in zwei Jahren rechnen, so lautet jedenfalls der letzte Bescheid. Es gibt keine freien Rufnummern, aber mit etwas Glück, versichert man uns, wird doch schon eher eine Nummer frei. Zum Beispiel, wenn jemand seine Rechnung trotz mehrmaliger Aufforderung nicht bezahlt oder aufs Festland zieht, wir stehen jedenfalls fast ganz oben auf der Warteliste. Wer's glaubt.

David hat das Gespräch angenommen und reicht mir das Telefon zu. Es ist Elke mit einer Bitte, die mich glatt umhaut: »Würdet ihr wohl so lieb sein und euch nach einem Grundstück für uns umsehen? Es sollte nicht zu groß, aber bebaubar und sehr ruhig gelegen sein, aber in Dorfnähe, möglichst nicht so weit weg von der See, wenn es denn geht, auch in Stadtnähe. Wir kommen am ersten Samstag im Mai mit dem Auto und werden wieder in der Pension einloggen, wo wir im vergangenen Juni gewohnt haben, als wir euch besuchten.«

»Wie soll ich das verstehen, du warst doch überhaupt nicht begeistert von Chaos«, staune ich.

»Ach was«, sagt meine Elke trocken, »Chaos ist doch wunderschön!« und fragt dann ganz unschuldig: »Möchtest du noch 'n Foxl haben?« Ich glaube nicht richtig zu hören und gebe nur ein lautes: »Hää?« von mir. Elke wiederholt ihre Frage und ich gebe diese an meinen Mann weiter: »Schatzilein, möchtest du deinen eigenen Hund, einen Foxl, haben?« Schatzilein meint, ich soll den Jasper fragen, als Hund wäre der zuständig. Jasper wedelt uns freudig an, als er seinen Namen und das Wort haben hört. »ER WILL!«

»Gut«, sagt Elke, »dann bringe ich euch die Esther mit.«

»Na prima, freuen wir uns, haben wir wenigstens jeder eine lebendige Wärmflasche im Bett, so für kalte Tage ohne Strom und Heizung.«

Seit zwei Monaten tollen zwei muntere Foxterrier in feines Drahthaar verpackt durch den Garten, wuseln im Haus und um uns herum. Bis auf kleine Eifersüchteleien verstehen sich Jasper und seine neue Gefährtin Esther prächtig. Wir haben die kleine, freundliche Hundedame sofort in unser Herz geschlossen und möchten sie nicht mehr missen.

Elke und Michael haben sich ein herrliches Grundstück im Nachbardorf gekauft. Sie wollen im September einen großen, geräumigen Wohnwagen dort abstellen und künftig den Sommer hier auf der Insel verleben. Denn: »Chaos ist doch so wunderschön.«

Der erste Besuch

Meine Mutter hat sich doch tatsächlich »so ganz spontan« entschlossen, ihre einzige Tochter auf Chaos zu besuchen. Nachdem mein Bruder und meine Schwägerin sie bestimmt seit Weihnachten bearbeitet und ihr gut zugeredet hatten. Schließlich ist Mutter nicht mehr die Jüngste, zählt schon 78 rüstige Lenze. Vor geraumer Zeit telefonierten wir, und wie ich ihren Worten entnahm, war sie ganz wild aufs Fliegen, aber nur unter der Bedingung, daß ihr einziger Sohn nebst Schwiegertochter sie auf diesen zwei Wochen andauernden Trip begleiteten.

Brüderlein war fürchterlich enttäuscht, weil unser Haus räumlich nicht groß genug ist, um alle drei Hamburger zu beherbergen. »Leider muß ich ja mit meiner Süßen in einem Hotel in Potamos absteigen!« Weit genug vom Schuß, um Mamilein ganz der Tochter zu überlassen!

Also, Mama – sie war nie weiter gereist als nach Hamburg-Lokstedt –

kam an und staunte: »Nein, was für ein großer Garten und so ein schönes Haus, sogar mit Isolierfenstern und richtigen Dachziegeln!«

»Ach, Mutti, wie, hast du gedacht, wohnen wir?« fragte David. Sie sah ihren Schwiegersohn ganz treuherzig an und sagte schlicht: » Na eben einfacher, habt ihr auch Strom?« Es haute uns echt aus den Pantinen, Mutter war tatsächlich der Meinung, Chaos ist irgendein Dorf in Anatolien um 1700. Mit Wellblechhütten, ohne Elektrizität, mit Ziehbrunnen im Garten und Plumsklo auf dem Hinterhof.

Mein Mann wagte noch einen Anlauf: »Du hast doch Fotos bekommen, und als wir dich besucht haben, hatten wir dir sogar ein Video von unserem kleinen Paradies gezeigt, hast du das denn vergessen?« Mutters lakonische Antwort brachte uns aus der Fassung: »Ach die, ich dachte selbstverständlich, das wären Fotos von woanders, wo alles in Ordnung ist. Natürlich nur, um mich zu beruhigen!« Als wir den Mund wieder zukriegten, war unsere Mutter schon im Haus verschwunden und kontrollierte die Küche auf Fortschrittlichkeit. Wir ließen sie gewähren und hofften, daß sie sich in der FREMDE wohl fühlen würde.

Am Abend saßen wir bei Kerzenschein auf unserer Terrasse, es war warm, und die Luft war würzig, sie roch nach wildem Thymian, Minze und Oregano. Unsere Esther hatte sich auf Omis Schoß zusammengerollt und genoß die extra Streicheleinheiten. Jasper hatte sein Herrchen mit Beschlag belegt, und ich hatte das Glück, einen Sessel ganz für mich allein zu haben.

Höflich erkundigte David sich bei seiner Schwiegermutter, wie denn der Flug von Hamburg nach Chaos war. Mutter, die zum erstenmal im Leben in einem Flugzeug gesessen hatte, kam direkt ins Schwärmen: »Oh, das war schön, viel besser als mit der S-Bahn in die Stadt rein, die Bahn ruckelt immer so, und zu essen gibt's in der Bahn auch nichts. Im Flugzeug sitzt man wie im Wohnzimmer, ich hatte sogar einen Fernseher vor mir, aber die hatten mir ja keine Fernbedienung gegeben, und so mußte ich mir das angucken, was es gerade so gab.«

»Warst du aufgeregt gestern abend, konntest du überhaupt schlafen?« fragte ich meine Mutter.

Ihre Antwort: »Wieso denn? Ich habe mich gestern abend um halb zehn reisefertig angezogen und auf dem Sofa gesessen und darauf gewartet, daß dein Bruder mich abholt.«

Das konnten wir nicht glauben, was wir soeben hörten: »Wie, um halb zehn gestern abend? Ihr mußtet doch erst um 6.30 Uhr am Flughafen sein, hättest doch schön in Deinem Bett schlafen können!«

»Ja, ja,« gab sie zur Antwort, »und hätte ich verschlafen und die Türklingel nicht gehört? Nee, nee, ich hab's mir doch gemütlich gemacht und beim Fernsehen Schokolade vernascht.«

Damit war für sie das Thema Reisefieber erledigt, und nun war sie fix und fertig und wollte verständlicherweise so schnell wie möglich ins Bett. Liebevoll begleiteten wir unsere Erstfliegerin zum Gästehaus und wünschten ihr eine »gute Nacht.«

Bobby, der Streuner

Ein fürchterliches Gekläffe und Gewinsel tönte eines Tages vom Grundstück unserer nächsten Nachbarn zu uns herüber. Es war nicht mehr zum Aushalten. David und ich machten uns auf den Weg, um die Lärmquelle zu erforschen. Im Nachbargarten war ein großer Mischlingshund, ein fürchterlich abgemagertes Tier, an einen Olivenbaum gekettet.

Die Nachbarin erzählte uns, daß die Kinder diesen Streuner auf dem Heimweg von der Schule aufgelesen hätten und ihn unbedingt behalten wollten, dabei besaß diese Familie doch schon einen wandelnden Flohsack voller Zecken, einen völlig verwahrlosten, mageren Hund mit traurigen Augen.

Das Tier wurde mit einigen Küchenabfällen am Leben erhalten, und wenn keine Essensreste da waren, gab es einfach nichts oder altes, in Milch eingeweichtes Brot. Von Tierliebe war hier keine Rede, ich war empört und gab auch meine Bedenken zu dem neuen Hausgenossen zum besten. Ungerührt verwies ich auf das Elend des Haushundes und machte mich in diesem Moment recht unbeliebt, aber das war mir alles egal. Frau Nachbarin erklärte, sie wüßte nicht, was sie machen sollte. Der Vater der Kinder sollte sich was einfallen lassen, sie hätten zwar kein Futter für dieses Tier übrig, aber die Kinder hätten diesen Streuner nun mal so gern.

Fassungslos gingen wir schweigend heim, und ich überlegte, dem Streuner Futter und Wasser zu bringen. David hatte da so seine Bedenken: »Wenn wir damit anfangen, kümmern sich die Nachbarn vielleicht nicht mehr um das Tier, und wir haben den Schlamassel. Warten wir doch erst mal ab, wie Nachbar Nikos entscheidet.« Damit hatte David natürlich recht, und wir beschlossen erstmal abzuwarten. Ganze 45 Minuten blieben wir unserem Entschluß, erst mal abzuwarten, treu, dann konnten wir das Hungerelend einfach nicht mehr ertragen und haben den Streuner heimlich gefüttert.

Dreieinhalb Wochen blieb der arme Kerl, inzwischen von den Kindern Bobby gerufen, an Nachbars Olivenbaum gekettet, und eines Morgens war er verschwunden. Unser Nachbar hatte den Armen mitsamt der elenden Kette in das einzige Tierheim der Insel gebracht. Das war wirklich entsetzlich, denn dort herrschten – noch immer wegen Geldmangels – fürchterliche Zustände.

In der folgenden Nacht bekamen Dave und ich kaum ein Auge zu, unsere Gedanken waren bei Bobby. Am nächsten Morgen, als wir unsere fröhlichen, wohlgenährten Hunde in den Garten ließen, vernahmen wir ein leises Winseln aus Nachbars Garten. War es etwa der Bobby? Von Neugier getrieben, gingen wir hinüber, um nachzuschauen, und tatsächlich war es der Streuner. Er war jetzt mit einem dünnen circa 150 Zentimeter langen Bindfaden an besagten Olivenbaum gebunden. Sprachlos über soviel Grausamkeit, stellten wir wieder einmal unsere Nachbarin zur Rede. Sie erklärte uns, daß Bobby ihrer Famile fürchterlich leid getan habe, als er morgens wieder im Garten war. Bobby ist wohl die ganze Nacht durch gelaufen, um dem Tierheim zu entkommen. Die Kette und das Halsband waren verschwunden und so war der Bindfaden nur eine Notlösung.

Lange überlegten wir, wie wir dem armen Tier helfen könnten, zu uns nehmen konnten wir den Hund nicht, unser Jasper würde keinen anderen Rüden im Garten dulden, und wir wollten es nicht auf eine Beißerei ankommen lassen. Also boten wir unseren Nachbarn an, für Bobby zu sorgen, wenn er an dem Platz unter dem Olivenbaum bleiben könnte. Dem Himmel sei Dank, die Nachbarn willigten ein, aber nur unter der Bedingung, daß der Hund angebunden bliebe. Erleichtert nahmen wir das zur Kenntnis und überlegten: Eine lange Kette wäre das kleinere Übel, bei regelmäßigen Futter- und Wassergaben sowie ausgedehnten Spaziergängen mit den neuen Pflegern würde es für Bobby erträglich sein, und vielleicht würde er sich wieder erholen.

Hastig machte ich mich auf den Weg zu meinen Lieblingsverwandten Elke und Michael, die den Sommer auf ihrem Besitz im Nachbardorf verbrachten. In kurzen Sätzen erzählte ich den beiden vom Bobbyhund und bat um Hilfe.

Michael hat wirklich goldene Hände, hat immer Superideen und kann die auch fachmännisch und sehr praktisch umsetzen. Er machte sich sofort auf den Weg, um Material für eine Hundehütte zu besorgen.

Wir Frauen fuhren derweil in die Stadt und besorgten eine neue, vier Meter lange Kette, ein schönes Halsband und aus der Tierapotheke Tabletten zum Entwurmen für Bobby. Als wir zu Hause eintrafen, waren unsere Männer eifrig am Werkeln, die Hundehütte war kurzer Zeit gebaut und wurde unter den schattigen Olivenbaum gestellt.

Elke und ich rieben den armen Bobby sorgfältig mit einer stinkenden, aber wirksamen Tinktur gegen Flöhe und Zecken ein und verabreichten dem völlig verstörten Hund einen dicken Kloß Leberwurst, gefüllt mit den Entwurmungstabletten. Artig fraß Bobby diesen außergewöhnlichen Leckerbissen. Liebevoll bekam er sein neues Halsband umgelegt, und damit Bobby die Kette nicht allzusehr schleppen mußte, befestigte mein Mann sie an einem dicken Ast des Baumes. So konnte der Hund sich zwar nicht frei bewegen, aber in einem sehr großen Radius. Wir stellten noch einen Napf mit gutem Hundefutter und eine große Schüssel mit frischem Wasser vor die Hütte. Bevor Bobby sich über das Fressen hermachte, dankte er uns indem er immer wieder unsere Hände anstupste und abschleckte.

Für den Streuner Bobby begann nun eine zwar nicht kettenlose, aber doch herrliche Zeit. Er entwickelte sich prächtig, nahm an Gewicht zu und bekam ein glänzendes Fell. Täglich machten wir mit ihm ausgedehnte Spaziergänge, natürlich ohne Leine, Bobby gehorchte uns aufs Wort. Es dauerte etwa acht Wochen, dann war aus dem völlig abgemagerten, struppigen Tier ein fröhlicher, gutgenährter und ungezieferfreier Hund geworden, der mit liebevoller Hingabe sein Herz an uns hängte.

Einen kleinen Freund hatte unser Pflegehund auch schon gefunden. Hatte sich doch ein kleiner getigerter Kater vor Bobbys Hütte gewagt und sich über das Hundefutter hergemacht, anschließend strich der kleine Kerl dem verwunderten Hund um die Pfoten und schnurrte was das Zeug hielt. Seither verbrachte »Tiger« die Regentage gemeinsam mit Bobby in der Hütte. Der Kater erzog uns zur Pünktlichkeit, waren wir auch nur ein paar Minuten mit dem Hundefutter in Verzug, saß Tiger auf der Gartenmauer und jaulte herzzerreißend. Na, das war vielleicht lustig, unsere Terrier flitzten jedesmal Richtung Mauer und verbellten den Kater, der sich jedoch hoch auf der Mauer sicher fühlte und sein Konzert so lange unbeeindruckt weitergab, bis sich einer von uns mit dem gefüllten Futternapf in Bobbys Richtung begab. Tiger lief maunzend neben uns her, bald verging kein Tag, an dem Katerchen uns nicht abholte. Es blieb auch nicht aus, daß wir ihn nun regelmäßig mit Katzenfutter versorgten.

Im Laufe der nächsten zwei Jahre versuchten wir Bobby in gute Hände zu vermitteln, vergeblich. So beschlossen wir den Hund doch ganz in unsere Obhut zu nehmen. Zuerst bauten wir einen 120 m^2 großen Zwinger in den oberen Teil unseres Gartens gleich neben dem Tor. Es ist ein schöner Platz mit einem Olivenbaum, der im Sommer Schatten spendet. Eine stabile, wetterbeständige Hütte in der Form eines kuscheligen »Iglus« kauften wir in der Stadt, und den stellten wir auf eine große, aus Holzpaletten hergestellte und überdachte Plattform. So würde unser Bobby die regenreichen Wintertage geschützt vor Feuchtigkeit und Nässe überstehen.

Nun mußten wir nur noch unsere Hunde überlisten, den fremden Hund auf unserem Grundstück zu dulden, ohne große Abwehrattacken.

Da passierte mir ein Mißgeschick, welches unser Problem auf einfache Weise löste: Ich wollte dem maunzenden Tiger einen kleinen Leckerbissen geben und war vor unser Tor gegangen. Dabei hatte ich leichtsinnigerweise das Tor nicht richtig verschlossen. Jasper und Esther erkannten die Möglichkeit zu entwischen sofort und flitzten, so schnell sie konnten, davon.

Diese günstige Gelegenheit nutzten wir, um Bobby in den Zwinger zu bringen. Na, der tobte vielleicht darin herum, albern und voller Freude, ohne lästige Kette. Nur den schönen Iglu ignorierte Bobby, wir konnten ihn einfach nicht dazu bringen, wenigstens einmal hineinzuschauen. Da hatte ich die Idee: Ich holte vom Dachboden zwei alte, ausgediente Auflagen von nicht mehr existierenden Gartenstühlen und begab mich damit in den Zwinger. Kaum hatte ich die Auflagen in den Iglu gelegt, ergriff Bobby wie ein geölter Blitz von seiner neuen Behausung Besitz. Es war zu drollig. Nach zwei langen, bangen Stunden kamen unsere Ausreißer Jasper und Esther total abgehetzt vom Ausflug zurück, sie trotteten durchs Tor, sahen Bobby kurz an, und ohne sich weiter zu kümmern, liefen sie zum Haus, Wasser fassen. Das war alles. Kein Gebell und Geknurre, der fremde Hund war vor ihnen da und wurde so akzeptiert.

Der einstige Streuner hat sich sehr gut bei uns eingelebt, er liebt seine Hütte über alles und ist ein toller Wachhund, der nachts frei im Garten herumlaufen kann. Am Tag laufen beide Rüden abwechselnd mit Esther frei im Garten herum, jedoch niemals zusammen, denn das würde in einer bösen Beißerei enden, und darauf wollen wir es auf keinen Fall ankommen lassen.

Kater Tiger kommt täglich um die gleiche Zeit und verlangt, laut maunzend auf der Mauer sitzend, nach seinem Futter. Auch wenn es draußen sehr ungemütlich ist, es kann Hunde und Katzen regnen, stürmen und gewittern: Der Kater sitzt stets um die gleiche Zeit da und wartet. Nun überlegt mein Mann, ein hundesicheres Katzenfutterhaus zu bauen, weil wir bei Regenwetter das nasse Katzenelend nicht so ertragen können.

Mein guter David hat schon einmal geeignetes Holz bereitgelegt und kramt zur Zeit in seiner Werkzeugkiste herum, ich glaube das Katzenfutterhaus ist schon in Arbeit.

Das Bäuerlein von nebenan

Der alte, ausgefahrene Feldweg führt aus unserem Dorf heraus, vorbei an der verwahrlosten Hütte des Schafhirten und Minibauern Kalasakis, vorbei am Anwesen der Familie Nikos und zuletzt an unserem Haus. Ein gutes Stück hinter unserem Grundstück gabelt sich der Feldweg, der rechte Weg endet nach etlichen Kilometern bergauf irgendwo in den Olivenhainen. Die linke Abzweigung mündet nach ungefähr einem Kilometer wieder in der Dorfstraße, am Ortsausgang. Nach einer Regenperiode gleicht eben dieser Feldweg eher einem schlammigen Flußbett. Im Sommer kann man diesen Weg prima nutzen, darum wurde er von uns auch Sommerweg getauft.

Jetzt haben wir Anfang Februar, in den letzten Wochen hat es fast ununterbrochen geregnet. Auch der Hauptweg ist für normale Autos zur Zeit nicht befahrbar. Glücklicherweise packt unser Jeep die Strecke bis zum Dorf locker. Die Fußgänger laufen auf dem Weg Slalom, sie hüpfen und springen von einer spärlichen Grasnarbe zur anderen um so die Riesenpfützen zu umgehen. Aber die Sonne hat schon Kraft und so wird unser Feldweg bald wieder trocken und für alle passierbar sein.

Kalasakis ist die meiste Zeit damit beschäftigt, seine vielen Schafe durch die Landschaft zu treiben und zu hüten. Alle Schafe tragen ein breites Lederhalsband mit einer Almglocke. Das kommt daher, daß Kalasakis in jungen Jahren in Bayern gearbeitet hat, und die Glocken der Almkühe hatten es ihm angetan. Also bimmelt die ganze Herde, der Chef pfeifend voran, durch die Landschaft, um allen Anwohnern dieser verlassenen Gegend seine Anwesenheit mitzuteilen. Die Nachbarn und wir würden auf dieses alltägliche Geläute herzlich gerne verzichten, besonders wenn die lärmträchtigen Schäfchen auf der Wiese nebenan nächtigen.

Der Hirte ist nicht gerade beliebt, er gilt als jähzornig, brutal und etwas verrückt. Manchmal wandert er mit geschulterter Schrotflinte durch die Randgebiete des Dorfes und droht jeden zu erschießen, der ihn nicht als Sherriff respektiert. Nun ja, wir nehmen es nicht ganz so tragisch wie unsere Nachbarn, zu uns ist Kalasakis immer freundlich. Vielleicht beschimpft er uns ja auch mit einem Lächeln, und wir sind zu blöd, ihn zu verstehen, weil unsere paar Brocken Griechisch leider noch nicht ausreichen, seine Worte zu deuten. Aber wir denken ja positiv, oder?

Der unberechenbare Herr Kalasakis überlegt! Er überlegt hin, er überlegt her, bis ihm der geniale Einfall kommt, sämtliche Nachbarn sowie einige Dorfbewohner gewaltig zu ärgern. Hat er doch tatsächlich die großartige Idee, unseren Feldweg vor seiner Hütte für den Durchgangsverkehr zu sperren.

Er spannt ein Seil von der Zypresse zur Pinie quer über den Weg, bindet seinen scharfen Rottweiler an die Zypresse und schärft diesem ein, niemanden vorbeizulassen. Der bissige Wächter macht seinen Job sehr gut, schon am frühen Morgen knurrt er angriffslustig ein altes Bauernpaar aus dem Dorf an, so daß diese es nicht wagen vorbeizugehen. Die Bauersleute wollen zu ihren Olivenbäumen, um ihr Tagewerk zu verrichten. Ängstlich stehen sie im gebührenden Abstand vor dem bissig knurrenden Wegwächter. Dabei ist es doch so wichtig, die herabgefallenen Oliven einzusammeln, bevor die Vögel und Mäuse die Früchte verderben. Die alten Herrschaften sind wirklich sehr aufgeregt.

Nun kommen auch die drei schulpflichtigen Mädchen unserer Nachbarn laut plappernd daher. Sie sind gerade mal fünf, sechs und neun Jahre alt und auf dem Weg zur Dorfschule, wie man an den großen bunten Ranzen sieht. Fröhlich kichernd, nähern sie sich nichtsahnend der lebenden Blockade und bleiben laut kreischend stehen, als der riesige Hund mit entsetzlich lautem Bellen auf sie zuspringt und an der langen Kette zerrt.

Der Lärm alarmiert den Vater der Kinder, Nikos, auch David und mich. Auf dem Weg vor Nikos' Grundstück treffen wir alle gleichzeitig bei den am ganzen Körper zitternden, weinenden Kindern ein. Niemand kann begreifen, was sich hier vor unseren Augen abspielt. Seelenruhig, als ginge es ihn überhaupt nichts an, kommt Kalasakis, in alten zerfledderten Militärklamotten gekleidet und mit seinem Gewehr über der Schulter, angetrottet. Eine laute Diskussion beginnt, die in einem wütenden Streit der Beteiligten endet. Dave und ich halten uns etwas abseits, wir können dem schnellen Wortwechsel nicht folgen. Katharina, die Mutter der Mädchen, kommt, um die verstörten Kinder nach Hause zu bringen. Unterdessen versuchen die beiden Alten und Nikos, den Hirten dazu zu bewegen, den Hund zu entfernen und den Weg wieder freizugeben. Doch vergebens, Kalasakis beginnt, mit seinem Gewehr herumzufuchteln, und so beschließen wir, der Gewalt zu weichen, und treten den Rückzug an. Die beiden Alten machen sich schimpfend auf den Heimweg, um mit ihren sensationellen Neuigkeiten – aus erster Hand und ganz frisch – Abwechslung in den tristen Dorfklatsch zu bringen.

Die Geschichte muß unbedingt noch einmal diskutiert werden, und so laden wir Nikos auf einen Kaffee in unser Haus ein. Bei der Gelegenheit übersetzt er uns den Wortwechsel ins Englische, zwischendurch ruft er von unserem Telefonapparat aus die Polizei an und bittet diese um Hilfe.

Eine knappe Stunde später stehen wir wieder am Ort des Geschehens und lassen uns vom Riesenköter anknurren, während wir auf die Polizei warten. Mit einem Leberwurstbrot will ich versuchen, den Rottweiler zu besänftigen. Langsam und vorsichtig nähere ich mich dem großen Tier. Der bleckt jedoch wütend die Zähne und stellt die Nackenhaare auf, als ich mich ihm bis auf wenige Schritte genähert habe. Mein Mann zieht mich zurück. Mißtrauisch beäugt uns Herr Kalasakis, der noch immer mit seiner Schrotflinte auf der anderen Seite der Barriere herumlungert. Er wird unruhig, als sich endlich die Polizisten nähern, und eilt erst einmal in seine Hütte, vermutlich um die Flinte zu verstecken. Jedenfalls taucht er ohne Gewehr wieder auf und stellt sich den kurzen Fragen der Beamten, die inzwischen den Sachverhalt von Nikos kennen.

Die Staatsdiener machen kurzen Prozeß, sie stellen den Hirten vor die Wahl: entweder den Hund entfernen und den Weg so freimachen, oder der Rottweiler wird sofort an Ort und Stelle erschossen, da er eine Gefahr für die Allgemeinheit darstellt. Das sitzt! Ob er will oder nicht, Herr Kalasakis muß sich fügen, und darüber gerät er in Wut. Aber er entfernt seinen Hund und sucht, laut vor sich hin schimpfend, das Weite. Hurra, der Weg ist wieder frei, und so gehen wir erleichtert nach Hause.

Am Abend besuchen wir unsere Nachbarn, und Nikos erzählt uns, daß er den Hirten noch einmal im Dorf angetroffen und dieser ihn massiv bedroht hat. »Leider hatte ich keine Zeugen«, seufzt Nikos, »sonst könnte ich gleich etwas dagegen unternehmen.« Lange unterhalten wir uns noch über den unwirklichen, ereignisreichen Tag. Gemeinsam beschließen wir, alles ganz schnell zu vergessen, und das geht nun mal nur mit einem sehr großen, bis fast an den Rand gefüllten Glas: mit herrlichem –Sieben-Sterne-Metaxa!

In dieser Nacht träume ich Alp, jagt mich doch gerade ein Riesenköter durch den aufgeweichten Sommerweg, und natürlich kriege ich keinen von meinen bleigewichtigen Füßen vor den anderen gesetzt, wie immer, wenn man im Traum auf der Flucht ist. Trotz größter Anstrengung komme ich mühsam vorwärts, während das Ungetüm mit großen Sprüngen hinter mir herhetzt, und immer näher kommt. Vor lauter Angst bin ich wie gelähmt. Warum entscheidet sich der blöde Alptraum nicht für mich und läßt mich gewinnen? Dann fällt mir ein, daß ich ja fliegen kann, das Ungeheuer aber nicht, ätsch! Und so breite ich meine Arme aus und schwebe auf die nächste Zypresse. Da sitze ich nun hoch oben, den Sternen nahe, unten fletscht der Köter seine Zähne und wartet darauf, daß ich runterfalle. Tu ich aber nicht, ich bleibe hier sitzen, bis morgen früh mein Wecker klingelt, und damit basta!

Lieblicher Kaffeeduft steigt in meine Nase. Ganz langsam öffne ich ein Auge und erblicke meinen Liebsten, er sieht hinreißend aus in seinem schlottrigen, mit Ziehfäden – Andenken an Katze Lisas kreative Phase – übersäten Bademantel, mit den vielen Bartstoppeln im zerknitterten Gesicht und seinen verstrubbelten Haaren. Wie sehr liebe ich ihn, wenn er mich so verschlafen anblinzelt, mir einen Becher Kaffee reicht und seinen eigenen auf meiner Bettkante sitzend schlürft. Da kann einer sagen, was er will, für uns ist es der schönste Moment des beginnenden Tages – dabei es ist schon zehn Uhr vorbei. Nach der Morgentoilette genehmigen wir uns ein feines Spätstück mit weichgekochten Eiern und allem Drum und Dran, und das genießen wir so richtig. Nachdem wir gemeinsam unsere ganzen Tiere versorgt haben, beginnt David, wie jeden Morgen, seinen Computer zu quälen. Ich verschiebe meine Schreiberei auf den Nachmittag und will erst einmal in die Stadt, um etwas einzukaufen.

Gemütlich fahre ich unseren Feldweg entlang, vorbei an der Bauernkate des Schäfers, Frau Kalasakis steht im Garten und winkt mir freundlich zu. Sie ist eine ganz Nette –, kurz nachdem ich in die Dorfstraße eingebogen bin, sammle ich noch eine alte Dame ein, die per Anhalter in die Stadt gebracht werden möchte. Na ja, wir haben den gleichen Weg, und meinen griechischen Wortschatz kann ich bei dieser Gelegenheit auch erweitern. Natürlich fallen wir gleich über Herrn Kalasakis und seine gerade begangenen Frechheiten her und beleuchten die ganze Sache noch einmal von allen Seiten.

Die alte Dame wird von mir in die belebte Innenstadt kutschiert und ausgeladen, ich fahre weiter zur alten Festung und parke den Jeep auf dem Parkplatz der Platia. Dort verschließe ich sorgfältig alle Fenster, klappe die Scheibenwischer weg von den Scheiben, lasse die Türen unverschlossen. Viele Autos parken hier so mit abgewinkelten Scheibenwischern, es ist für einen der Parkwächter, dem Georgos, die Aufforderung zur Autopflege. Sind die Türen des Fahrzeugs verschlossen, bedeutet das nur Autowäsche, sind die Türen jedoch unverschlossen, so ist auch eine komplette Innenreinigung erwünscht. Dieser wirklich tolle Service klappt wie verrückt und wird immer gern in Anspruch genommen.

Es ist ein wunderschöner Februartag. Die Sonne scheint, und ein lauer Wind kündigt den chaotischen Frühling an. Gemächlich bummle ich durch die Altstadt zum alltäglich stattfindenden offenen Markt. Hier gibt es alles zu kaufen, was saisonbedingt frisch geerntet wird, Zitrusfrüchte, Obst und Gemüse, herrlich anzusehen und erst die Stände der heimischen Fischer. In einem ganzen Straßenzug bieten sie ihre köstlichen Waren an, bis hinauf zur neuen Festung.

Vollbepackt mit gesundem Gemüse und nahrhaften Köstlichkeiten schleppe ich mich eine Stunde später zurück zum Auto. Während meiner Abwesenheit wurde mein fahrbarer Untersatz blitzblank von Hand gewaschen, und auch der Innenraum sieht wieder aus wie neu. Nachdem ich meine Einkäufe verstaut habe, mache ich mich auf die Suche nach Georgos, ein schriller Pfiff macht mich auf ihn aufmerksam, und lachend kommt mir der fleißige Autopfleger entgegen. Für seine Mühe möchte er nur ganze 3000 Drachmen, etwa 17 DM haben. Ich bin mit seiner Leistung sehr zufrieden, lobe seine Arbeit und lege noch etwas drauf. Georgos bedankt sich strahlend und erzählt mir in einwandfreiem Englisch, daß er nun auch auf Wunsch die Autos poliert, das kostet inclusive Politur 2000 Drachmen mehr. Es ist erstaunlich, in Deutschland hatte ich mich einmal entschlossen, meinen kleinen VW-Polo von Hand polieren zu lassen, und dafür mußte ich immerhin vor fünf Jahren schon 240 DM löhnen. Vorsichtshalber frage ich noch mal nach dem Endpreis fürs Polieren, inklusive Waschen des Jeeps und Georgos bestätigt: »Ohne Innenreinigung, nur fürs Waschen und Polieren bezahlst Du mir 4000 Drachmen.« Diesen Service werde ich bestimmt bei meinem nächsten Stadtbesuch in Anspruch nehmen. Noch einmal bedanke ich mich bei dem freundlichen Georgos und mache mich auf den Heimweg. Keine zehn Minuten später fahre ich schon gemütlich durch unser Dorf. In den gepflegten Vorgärten leuchtet hier und da der vollaufgeblühte Goldregen, orangefarbene und rote Geranien wachsen an Mauern, die von rankenden, in Weiß und Lila blühenden Margeriten überwuchert sind.

Kurze Zeit später lenke ich den Wagen in den Feldweg, doch etwa vierhundert Meter vor unserem Haus endet meine Heimfahrt abrupt. Hat doch der Kalasakis mit einem großen, rostigen Gatter wieder unseren Feldweg blockiert. Seine Frau sitzt wie ein Häuflein Unglück auf der einen Seite der Sperre, und Kalasakis steht mit grimmiger Miene, die Flinte im Anschlag auf der anderen Seite und gibt acht, daß seine Frau nun von jedem Wegegeld verlangt, der durch die Sperre möchte. Ein paar Dorfbewohner haben sich hier versammelt und diskutieren die neue Situation. Ein Herr kommt auf mich zu und erklärt mir die genaue Sachlage, er meint: »Es ist besser du bezahlst, er ist übel drauf und versteht keinen Spaß.«

»Das sieht man«, gebe ich zu verstehen, und gemein grinsend kommt auch schon Kalasakis daher und teilt mir, in gebrochenem Deutsch mit: »Dein Auto für fünfhundert Drachmes vorbei, sonst nix!« und »Du verstehen?«

»Nein, ich nix verstehen, ich Ausgeländer«, denke ich, wende den Wagen und beschließe, den Sommerweg zu benutzen. Das ärgert den Kalasakis gewaltig, mich aber überhaupt kein bißchen.

Leider komme ich nicht sehr weit, ich bin höchstens 20 Meter in den Sommerweg hineingefahren, nun steckt der Jeep bis zu den Radnaben im Schlamm fest. Vor Aufregung habe ich vergessen, die Fronträder vor der Fahrt durch den Morast zu blockieren, und das ist nun mein Pech. Bei unserem Jeep muß man, um den Vierradantrieb benutzen zu können, die Vorderräder manuell von außen blockieren. Na denn, fröhliches Matschwaten, ausgerechnet heute habe ich meine weißen Jeans an und bequeme, helle Sommerschuhe! – Wie bitte? Ich soll doch die Schuhe ausziehen? Das geht nun leider überhaupt nicht, denn es könnte ekliges Getier im tiefen Schlamm rumkrabbeln, und das ist uääh, Gänsehaut! Ich grabsche nach hinten, angle mir zwei Plastiktüten, deponiere deren Inhalt auf dem Beifahrersitz, ziehe mir die Tüten über die Hände und Unterarme, dann steige ich mutig in den Schlamm. Vorsichtig Halt suchend, rutsche ich langsam zum leicht erreichbaren Vorderrad auf der Fahrerseite, ich drehe den Sperrhebel an der Radnabe, und ein metallisches Klicken signalisiert mir die Blockade des Rades. Inzwischen sind meine Schuhe voll Moder, und die Hosenbeine sind bis zu den Knien durchnäßt vom Dreckwasser, ich ekle mich fürchterlich, spätestens hier hätte ich doch lieber den Wegezoll an den doofen

Hirten entrichtet. Aber gedankenlose Dummheit muß halt bestraft werden. Langsam, wie auf Eiern gehend, bewege ich mich, mich krampfhaft an der vorderen Stoßstange festklammernd, um das Gefährt herum. Noch ein winziger Schritt, jetzt erreiche ich auch das andere Vorderrad, ich drehe den Knebel der Nabe und ein weiteres Klick zeigt mir, auch dieses Rad ist nun blockiert und wird sich brav mit Kraft drehen. Fix und fertig bin ich, will die Gelegenheit nutzen wo ich doch schon mal da bin – und durch die Beifahrertür in das frischgeputzte Wageninnere gelangen. Mist, die Tür ist fest von innen verriegelt. Bei dem Gedanken, zurück durch den Schlamm zu waten, könnte ich glatt losheulen. Das nützt aber auch nix, so krabble ich langsam immer an der Stoßstange entlang wieder zur Fahrertür zurück, dabei bleibt auf halber Strecke mein rechter Schuh im Schlamm stecken, hat sich einfach festgesaugt, und ich habe Mühe, ihn wieder herauszuziehen. Total entnervt gelingt es mir, etwas später in den Jeep zu steigen, erleichtert lasse ich den Motor an, schalte im Leerlauf das Zusatzgetriebe ein und fahre im ersten Gang an. Langsam, ohne Probleme kommt der Wagen frei und bewegt sich dahin, wohin ich ihn haben will, nämlich nach Hause!

Ein paar Minuten später stehe ich vor der Haustür und entledige mich meiner Matschklamotten. Jeans, Schuhe und Socken lasse ich einfach auf dem gepflasterten Hof zurück, nicht ohne vorher meine durchgeweichten Füße im trockenen Oberteil der Jeans notdürftig abzutrocknen. Mißmutig gehe ich barfuß nur mit Unterhosen und T-Shirt bekleidet, ins Haus.

Dort tagt schon der Kriegsrat in Sachen »Feldwegblockade,« mein David und der Nachbar Nikos haben sich versammelt. Mein Anblick versetzt sie in Erstaunen – läßt mich aber völlig kalt nach dem eben Erlebten.

»Unser Auto hätte 'ne kleine Dusche nötig, genau wie ich«, sage ich nur und verschwinde im Bad.

Ein Weilchen später fühle ich mich wieder wohl, sauber und frisch bekleidet begebe ich mich in die Gesellschaft der beiden Männer. Nun bin ich auch da und kann als direkt Betroffene sogar richtig mitreden. Bei einer Tasse Tee erzähle ich den beiden mein eben Erlebtes, die Sache ist einfach zu komisch, und wir müssen erst mal tüchtig lachen. David berichtet mir, daß die Polizei schon da war und die Sachlage dieses Mal eine andere ist. Der schlaue Kalasakis hat doch tatsächlich behauptet, daß der Feldweg vor seiner Hütte privat sei und daß er somit berechtigt ist, diesen zu sperren. Nun wird das Ganze erst mal überprüft, und morgen muß Nikos zur Polizeiwache und eine Aussage machen, mein Mann soll ihn als Zeuge begleiten. Die ermittelnden Beamten wollen unsere Flurkarten, die sogenannten Topographien, sichten – in den Topographien sind alle Anlieger und Grundbesitzer an diesem Feldweg eingetragen – und die Rechtslage klären. Auch das wildgewordene Bäuerlein Kalasakis muß erscheinen und seine Topographie mitbringen. Unsere Dokumente liegen schon fein säuberlich gefaltet auf dem Tisch und warten auf ihren großen Auftritt.

»Das wird wieder ein schöner Tag«, denke ich als ich zum Himmel blicke. Keine Wolke ist zu sehen, und obwohl es noch sehr früh ist, kann man schon die Wärme der Sonne spüren. Nikos und David sind vor einer knappen halben Stunde zum Polizeipräsidium in die Stadt gefahren. Ich platze vor Neugier und kann die Rückkehr der beiden kaum erwarten.

Was soll's, um die Warterei zu verkürzen, nehme ich meinen Laptop und befördere uns beide auf die sonnige Terrasse. Dann versuche ich zu arbeiten, aber die Konzentration läßt doch sehr zu wünschen übrig. Jasper und Esther freuen sich über meine Anwesenheit und wollen gestreichelt werden. Gedankenverloren brüte ich vor mich hin, mir fällt einfach nichts Gescheites ein. Keine vernünftige Zeile bringe ich zustande. Zwischendurch rufe ich mein Lieblingscomputerspiel auf und ärgere mich, weil ich dauernd verliere.

Endlich, nach qualvollen drei Stunden und vierzehn Minuten, kündigt mein Gatte telefonisch seine Rückkehr an. Jeder von uns, der gerade den Jeep außerhalb des Gartens benutzt, tut das, damit die zu Hause gebliebene bessere Hälfte die Hunde einfängt und in Sicherheitsverwahrung nimmt. – Die büxen doch sonst aus, wenn das Auto durchs Tor fährt. Also, Hunde rasch ins Haus gerufen, und im Eiltempo lege ich die 50 Meter bis zum Tor zurück, um es zu öffnen. Da höre ich auch schon unseren Wagen, Bobby tobt wie blöd im Zwinger herum und freut sich auf Herrchens Ankunft. Doch Herrchen parkt erst einmal vor dem Anwesen der Nachbarn, um Nikos aussteigen zu lassen. Selbstverständlich müssen die Herren nun noch einmal den ganzen Ablauf des ereignisreichen Vormittags durchhecheln; und das natürlich bei laufendem Motor damit sie sich der Verständigung halber besser anbrüllen können. – Die gemeinsame Zeit im Auto während der Heimfahrt war wohl nicht ausreichend, um alles zu bequatschen. Aufgeregt hample ich von einem Bein aufs andere und bin total ungeduldig. Scheiß Neugier ...

Alte Zeiten kommen mir in den Sinn, und ich erinnere mich besonders an einen Besuch bei meiner Freundin Gerhilde. Meine »Hilde« wohnt in Hamburg, im achten Stockwerk eines Hochhauses, mit traumhaftem Blick auf den Marktplatz und sämtliche verkehrsreiche Straßenkreuzungen Lohbrügges. Im tiefsten Winter hatten wir einen ganzen Nachmittag verklönt. Es war an der Zeit, mich zu verabschieden. Gerhilde brachte mich zum Fahrstuhl. Weil wir aber gerade so schön ins Gespräch vertieft waren, geleitete sie mich noch bis vor die Haustür, da standen wir noch etwa eine dreiviertel Stunde, in eisiger Kälte bibbernd und die Abgase der Autos einatmend, nur weil uns der Gesprächsstoff einfach nicht ausgehen wollte. »Total bescheuert, wir hätten es in der warmen Stube bei einem Gläschen Wein sicher gemütlicher gehabt«, versicherten wir uns gegenseitig ein Stündchen später am Telefon.

Mein Ausflug in die Vergangenheit wird jäh unterbrochen. Das Motorengeräusch unseres Wagens kommt näher und damit auch die neuesten Nachrichten, auf die ich so gespannt bin. Nachdem ich das Tor hinter dem Jeep geschlossen habe, stelle ichmich aufs seitliche Trittbrett des Autos und halte mich am Dach fest. Mein Mann hat gewartet und nimmt mich auf diese Weise mit, bis vor die Haustür.

Der Bericht meines amüsierten Gatten hört sich unglaublich an:

»Also, Nikos und ich waren pünktlich auf dem Polizeipräsidium erschienen, Kalasakis natürlich nicht. Die ermittelnden Beamten prüften die mitgebrachten Topographien, die klar anzeigen, daß der Feldweg zum größten Teil öffentlich ist, nun wartete man auf die Flurkarte des Herrn Kalasakis, der kam fast eine Stunde später angetüddelt und wurde gleich mal verwarnt. Na ja, der Kalasakis hatte keine Topographie dabei, und so machte sich einer der Polizisten auf ins Rathaus, um eine Kopie derselben zu beschaffen. Das dauerte ewig. Inzwischen war nun aber der Bruder des Herrn Kalasakis – von der ängstlichen Frau des Hirten benachrichtigt – auf dem Präsidium erschienen, um einiges klarzustellen wie er sich ausdrückte.

Bruder Dimitris hatte auch die Topographie dabei, die Kalasakis nicht besitzt. Den im Rathaus weilenden Beamten rief man telefonisch zurück, und dann wurde es vielleicht lustig! Wie sich nach und nach herausstellte, besitzt Kalasakis überhaupt kein Land, geschweige denn ein Stückchen vom Feldweg. Alle seine Besitztümer gehören seinem Bruder, der diese vor etlichen Jahren ehrlich erworben hat. Kalasakis wird lediglich auf dem Land geduldet, sein Bruder hat ihm die Kate nur aus Gefälligkeit zur Nutzung überlassen. Um seinem Bruder auch den letzten Wind der Frechheiten aus den Segeln zu nehmen, übertrug Bruder Dimitris das Wegerecht noch in der gleichen Stunde der Gemeinde. Notariell beglaubigt und besiegelt. »So verhält es sich«, sagt David und lächelt mich an.

Das ist doch die ganze Geschichte, oder vielleicht doch nicht?

Herr Kalasakis ist stinksauer nach der Blamage und läuft nur noch mit grimmigem Gesicht durch die Gegend. Er ruft seine Söhne, die im Nachbardorf wohnen, zu Hilfe um mit einer neuen, sehr ausgefallenen Schikane die Nachbarn erneut zu triezen. Jedenfalls ziert heute nachmittag ein geklautes »VORSICHT BAUSTELLE«- Schild unseren Feldweg in Höhe der Kate. Kalasakis & Söhne sind gerade dabei, ein unglaublich großes, tiefes Loch zu buddeln. Auf unsere Frage, was das nun schon wieder soll, antwortet Kalasakis mit listigem Grinsen und hinterhältigem Blick: »Ich bauen Brunnen, für Wasser, brauchen für Schafe.« Ist das der Sieg für den unbelehrbaren Giftzwerg?

Aber nein, Dimitris, der rechtmäßige Grundbesitzer hat von der Sache schon erfahren. Er kommt mit einer Planierraupe angefahren. Er schiebt und ebnet und stellt völlig ungerührt eine ganz neue Verbindung zwischen unserem verunstalteten Feldweg her. Mitten durch Kalasakis Vorgarten. Kalasakis tobt wie Rumpelstilzchen, aber Dimitris meint lakonisch: »Strafe muß eben sein«, und fügt in bestem Deutsch hinzu: »Wer anderen ein Loch gräbt und selber reinfällt, kann lange warten, bis man ihn rausholt.«

So, aber nun ist die Geschichte vom bösen Bäuerlein aber wirklich zu Ende, nicht wahr?«

»Nein, nein, nur Geduld, das dicke Ende kommt doch erst noch.«

Etwa eine Woche später so um die Mittagszeit:

Unsere Nachbarin Katharina ist damit beschäftigt, die Veranda vor ihrem Haus zu fegen. Die Mädchen sind in der Schule, und Nikos darf ein Stückchen vom Garten für die jungen Tomatenpflanzen umgraben. Mein Mann und ich sind dabei, unsere Mauer vor der Einfahrt vom Unkraut zu befreien. Es ist warm und duftet nach Frühling, alles ist friedlich. Plötzlich tönt ein fürchterliches Gezeter vom Hof des Hirten, ein paar Sekunden später hören wir die nette Frau Kalasakis um Hilfe rufen, immer näher dringen die Rufe an unser Ohr. Ohne weiter zu überlegen sprinten wir los, aber da kommt uns die kleine, zierliche Frau schon aufgelöst entgegengerannt, barfuß läuft sie, so schnell sie kann, in Nikos Garten und weiter bis hinauf zum Haus. Gerade als Katharina sich um die Frau bemühen will, die wimmernd an der Hausmauer lehnt, da peitscht ein Schuß, das Geschoß zischt an den Köpfen der Frauen vorbei und schlägt ein Loch in die Hauswand. Wie gelähmt schauen wir, Deckung suchend, in die Richtung, aus der der Schuß kam, können gerade noch beobachten, wie einer der Söhne von Kalasakis seinem Vater in den Arm fällt, während dieser einen zweites Mal feuert. Der Knall läßt uns alle erzittern, doch der Schuß geht dank des mutigen jungen Mannes in die entgegengesetzte Richtung. Auf einmal sehen wir Kalasakis flitzen, er ist feige und nimmt Reißaus. Der Sohn kommt aufgeregt herbeigerannt, schaut besorgt ob seine Mutter unversehrt ist, und dann bittet er meinen Mann darum, telefonieren zu dürfen. David reicht dem Jungen das mobile Telefon, und dieser ruft die Polizei und bittet um Schutz. Daß Kalasakis unberechenbar ist, wußten wir ja schon, aber daß er so weit gehen würde …

Der junge Mann holt sein Auto und bringt seine Mutter ins Nachbardorf in sein Haus. Die Polizei ist inzwischen mit vielen Beamten am Ort des Geschehens eingetroffen. Sie wollen Kalasakis festnehmen, doch der ist spurlos verschwunden. Bei der Durchsuchung der Kate stellen die Beamten ein ganzes Arsenal von Gewehren, darunter sogar ein Schnellfeuergewehr, sicher. Als ein Beamter uns das mitteilt, wird uns ganz flau im Magen, nicht auszudenken, was alles hätte passieren können. Die Polizei ist abgerückt und kontrolliert nun das Haus in unregelmäßigen Abständen, in der Hoffnung, den Scharfschützen zu überraschen und festzunehmen. Ganze 22 Stunden dauert es, dann wird Kalasakis verhaftet, nun muß er bis zur

Gerichtsverhandlung im Gefängnis bleiben. Die Verhandlung wird frühestens im kommenden Herbst stattfinden. Der Übeltäter muß mit einer hohen Strafe rechnen.

Nur langsam können wir uns von diesem Schrecken erholen. Der Alltag hat uns wieder, wir leben noch bewußter, genießen die himmlische Ruhe und den endlich eingekehrten Frieden in dieser zauberhaften Gegend. Inständig hoffen wir nun, daß es auch so bleibt.

Des einen Freud ...

Etwas müde und verschlafen stehe ich in der Küche, brühe Kaffee auf, und so nebenbei bestreiche ich zwei Zwiebacke mit Leberwurst. Unsere Ersatzkinder Jasper und Esther sitzen neben mir und warten auf das erste Frühstück. Lächelnd schiebe ich jedem einen Zwieback in die Schnauze, und fröhlich wedelnd ziehen sie ab in den Garten.

»Kochst du Kaffee?« höre ich da jemanden brummeln. Aha, mein Gatte ist auch schon wach, dabei ist es doch erst kurz nach acht. »Kaffee kommt gleich!« rufe ich zurück, und während ich Kaffee in zwei Becher gieße, fühle ich, wie eine kalte Hundeschnauze mich ganz sachte ans nackte Bein stupst. Mein Blick nach unten trifft auf vier: »wo bleibt unser zweiter Zwieback!« treuherzig dreinschauende Hundeaugen. Die Bande kann doch tatsächlich zählen, ich hatte nur keine Lust, eine neue Packung Zwieback hervorzukramen, aber ich kann den beiden Bettlern nicht widerstehen, ein zweiter Zwieback verschwindet in jeder Hundeschnute, und zufrieden zotteln die beiden wieder ab.

Mit dem Kaffee bewaffnet begebe ich mich ins Arbeitszimmer meines Angetrauten. Mein Dave sitzt bereits – wie soll es wohl auch anders sein? – im Schlafanzug, total verschlafen, weil gerade dem Bett entfleucht, vor seinem Computer und trommelt lautstark mit allen zehn Fingern auf dem Keyboard herum. Er ist ganz versunken dabei, irgendwelche Hieroglyphen auf den Bildschirm zu bringen. Indem ich ihm den Kaffee vor die Nase halte, wage ich es, ihn anzusprechen und zu fragen, was er denn wohl gerne zum Frühstück essen würde? Antwort meines Liebsten: »Ja, ja!«

»Was bitte ja, ja?« frage ich zurück. Etwas verstört sieht mein Gatte mich an: » Was hast du gerade gesagt, Schatz?«

Diesen Blick und diese Frage kenne ich zur Genüge, ich könnte jetzt sagen, was ich wollte, mein David würde nichts registrieren, egal was ich fragen oder sagen würde, die Antwort wäre stets, »ja gleich« oder »gleich, sofort«, ich könnte ihm erzählen, daß in diesem Moment Aliens das Haus abfackeln, mein Mann – natürlich jenseits vom Diesseits – würde nur sagen: »Bitte schreib es auf Schatzi, damit ich es nachher nicht vergesse mitzubringen«, und dabei wüßte ich nicht einmal, daß er vorhat, sein Arbeitszimmer, geschweige denn das Haus, zu verlassen, um Besorgungen zu machen.

So ist mein Mann nun mal, wenn ich ihn nicht mindestens dreimal täglich mit Gewalt vom Computer wegzerre, der Ärmste würde glatt verhungern und verdursten. Aber seine Besessenheit, den Computer in allen Lebenslagen zu beherrschen, bedeutet für mich ja auch: totale Bewegungsfreiheit. Es ist schon vorgekommen, daß ich gleich nach dem Frühstück an den Strand gefahren bin und mich dort mit meinen Freundinnen total verklönt habe. Dann, zu Hause angekommen – mit fürchterlich schlechtem Gewissen wegen Vernachlässigung des Ehemannes – finde ich meinen Liebsten vor dem Computer sitzend, ich sage nur: »Hallo« darauf mein Mann: »Ja, Schatzi, gleich, ich komme nun wirklich gleich zum Essen, tut mir leid, daß es noch etwas gedauert hat.« Kommentarlos winke ich ab, begebe mich in meine Küche und weiß genau, daß ich jetzt genügend Zeit habe, das Mittagessen zu kochen, mein David kommt ja »gleich, sofort«, und das kann noch ein gutes Stündchen – oder auch zwei – dauern.

Haben Sie auch so einen Computerfreak zu Hause sitzen? Und kennen das »ja gleich« und »gleich, sofort« zur Genüge? Da kann ich Ihnen mit einem guten Tip dienen:

Gönnen Sie sich einen klitzekleinen Laptop, lassen Sie sich faszinieren von der Welt der Minicomputer, laden Sie sich zur Not Spiele herunter, ohne Ende. Damit garantiere ich Ihnen ein abwechslungsreiches Eheleben.

Mein Mann: »Schatzi, ich hab so 'n Hunger, wann essen wir denn?«

Ich piesacke meinen neuen Laptop-: » Gleich!«

David nach etwa einer Stunde: »Schatzi?«

Ich murmle: »Ja, gleich, sofort!«

Etwa eine halbe Stunde später frage ich ihn: »Was hattest du mich gefragt, Liebling?«

David sieht mich wehleidig, dem Hungertod nahe, an: »Wann gibt es denn was zu Essen? Oder hast du keine Zeit zum Kochen, wollen wir heute essen gehen?«

Diese Idee finde ich ausgesprochen genial – seufze aber tief und mache ein ganz betrübtes Gesicht: »Eigentlich habe ich überhaupt keine Zeit, Liebling, muß noch so viel schreiben. Aber zwischendurch einen Happen essen gehen, hmm, das könnte ich durchaus einrichten.«

Darauf mein Mann im forschen Ton: »Na gut, aber dann gleich, sofort!«

Na, wer sagt's denn, ich hab gewonnen: »Aber ja doch Schatzi, ich bin in 10 Minuten ausgehfertig!«

Ich sage Ihnen, das klappt wie verrückt!

Hundstage

Unsere doofe Esther büxte eine Zeitlang regelmäßig aus, – und das auch nur, weil ich sie zur Strafe nicht verhauen darf, mein Mann sagt wörtlich, mit starkem englischem Akzent: »Den klein Mädel darf nur Mecker kriegen«, und das juckt unsere kleine Esther nun überhaupt nicht; in einer Woche hat sie sich dreimal verflüchtigt.

Am Dienstag abend war Esther im Dunkeln über die Mauer entwischt, war aber nach circa 15 Minuten wieder am Tor und wollte rein. Sie stank wie ein Rudel Wildschweine und war ein wandelnder Flohsack. Zu meinem Leidwesen mußte ich sie direkt mal baden und habe vorsichtshalber beide Hunde entfloht.

Am Mittwoch, als ich vom Schwimmen zurückkam, kam mein armer Mann mir total aufgelöst entgegengelaufen. »Esther ist abgehauen.« Dann entdeckte ich das Estherkind auf dem Nachbargrundstück – an unserer Terrasse – mein Mann rief sie, was Esther nun wiederum veranlaßte, einen

Sprint in die entgegengesetzte Richtung einzulegen. Herrchen schwang sich wie wild auf den Motorroller und suchte unser Mäuslein. Nach 20 Minuten kam er angefahren mit Esther, sie saß stolz wie Oskar auf seinem linken Arm und genoß die Rollerfahrt. Die Ausreißerin hatte im Garten der Villa Katja mit dem Riesenhund Rocky getobt.

Am Donnerstag, abends gegen 22.30 sollten die beiden Süßen , Jasper und Esther, vor dem Schlafengehen nur zum Pinkeln in den Garten. Aber kaum war die Haustür auf, sauste Esther wie blöd in Richtung Tor, ich kreischte, mein Mann machte sämtliche Gartenlaternen an, aber Mausi war schon wie ein Flummi über die Mauer gesprungen. Nun war ich aber sauer, hatte echte Anfälle von: »Die verklopp ich, wenn sie wiederkommt!« Mein Mann, auch sauer, aber eher meckerig als kloppig, schwang sich mal wieder auf den Roller und suchte – es war stockfinster – die Gegend ab. Nach einer halben Stunde war er wieder da, Esther nicht! Nach einer weiteren Stunde – es war bereits nach Mitternacht – wurde mein Gatte – »Ich verhau' sie auch« – sauer. Um halb eins sind wir mit unserem artigen, lieben Jasper ins Bett gegangen. Hundemüde bin ich auch gleich eingeschlafen. Irgendwann in der Nacht wurde ich von einem quietschigen »Laß – mich – bloß – endlich – ganz – schnell –rein – wauwau« geweckt. Im Halbschlaf stieg ich aus meinem kuschligen Bett, im Bademantel bin ich dann ans Tor gewackelt und habe der fröhlich wedelnden Estherziege das Tor aufgeschlossen. Meine »Ich – verklopp – dich – Wut« lag wohl noch im Bett und schlief, und für Mecker war ich zu müde, jedenfalls lag Esther schon in ihrer Kiste, als ich endlich, todmüde, mein Bett erreichte. Zuvor hatte ich meinen Gatten von der Rückkehr seiner Töle unterrichtet, er murmelte nur: »Jetzt kann ich ja endlich ruhig schlafen.« Bis dahin hatter er sich gesorgt und wach gelegen!

Warum, frage ich mich, hat er denn seinen Hund nicht hereingeholt?

Nun überlegen wir fieberhaft, wie wir die Mauer ausbruchsicher gestalten können.

Ich habe beschlossen, Esther auf neun Kilogramm zu mästen: »Flummy adele!«

Ein toller Sommer

Der Herr, welcher mein Ehemann ist, hatte geschäftlich zu verreisen und verließ mich mit den Worten: »Freu' dich, dann brauchst du nicht zu kochen, kannst jeden Tag schön in der Strandtaverne essen, und abends gehst du auf'n Bierchen zu Freunden.«Und damit hatte ich für ein paar Wochen die Alleinherrschaft über Hunde, Haus und Garten.

War ja auch überhaupt nicht weiter schlimm, wir hatten schließlich Sommer, keinen Tag zwischen Juni und Ende August unter 38 Grad im Schatten und zum Glück auch keinen Tropfen Regen. Unsere 2200 m^2 Gartenfläche ist vollgestopft mit Bäumen, Sträuchern, Palmen und diversen Kübeln mit Blumen, mein David ist schließlich leidenschaftlicher Hobbygärtner, aber nur was das Einpflanzen von neuen, nach intensiver Pflege schreienden Pflanzen betrifft. Die Gießarbeit bleibt an mir kleben, und im regenarmen Sommer sind das glatte vier Stunden Marathon mit Gartenschlauch und »Wasser marsch« täglich. Mein Pech obendrein, daß ich nicht zu meckern und zu stöhnen brauche, er würde es ja sowieso nicht im fernen Deutschland hören.

Gegen Abend etwa 18 Uhr, wenn draußen nur noch 31Grad – im Dauerschatten versteht sich – herrschen, beginne ich den Durst der nach Wasser lechzenden Pflanzen und Bäume zu stillen. Jasper und Esther wuseln um mich herum, und ich versäume nicht, uns drei kräftig zu berieseln, es ist noch höllisch heiß, wir sind ratzfatz wieder trocken und schwitzen vor uns hin, na ja, nur noch ein Stündchen und ein paar Minuten, dann kann ich im kühlen Haus auf dem Sofa meine Wunden lecken und mich fürchterlich bedauern. So ganz nebenbei entdecke ich in der hintersten Ecke des Gartens neu gesetzte Bananenpflanzen, noch winzig klein, die zweimal täglich Wasser brauchen. Aha, der Hobbygärtner hat vor seiner Abreise noch einmal zugeschlagen, echt nett.

Im letzten Winkel des Gartens angekommen – schön weit weg vom Haus, circa 50 Meter –, höre ich das Telefon bimmeln. Eilig lasse ich den Gartenschlauch fallen und renne los, die Hunde kläffend hinterher – ich schätze, sie lachen sich kaputt, wann sieht man Muttern schließlich unbeholfen und schwerfällig flitzen. Völlig aus der Puste komme ich am Haus an, und natürlich hat das doofe Telefon aufgehört zu läuten. Na prima, haben meine armen Füße ganz umsonst meinen übergewichtigen Körper in Windeseile zum Haus befördert – ich möchte jedenfalls nicht mit meinen Füßen tauschen. Enttäuscht schleiche ich zurück zum Gartenschlauch und nehme meine zukünftig allabendliche Alleinarbeit wieder auf. Nach einer knappen Stunde ist auch das letzte Pflänzchen gewässert, und ich habe nur drei Wünsche: duschen, aufs Sofa und ein herrlich kühles Bier.

Wie ich unter der wohlverdienten Dusche stehe, läutet das Telefon wieder. Ungehalten greife ich nach meinem Bademantel, und einen mittelgroßen Fluß Duschwasser hinter mir lassend, erreiche ich das Telefon. »Hallo?« Es ist mein Lieblingsgatte, »Wo treibst du dich denn bloß rum? hab schon mal versucht dich zu erreichen!«

»Na hör mal, ich war im Garten und habe alle Pflanzen mit Wasser versorgt.«

»Du Arme, bist bestimmt geschafft? Hast du auch meine Bananenbäume gut gegossen, und sind sie schon gewachsen?«

»Deine Bananenbäume sind gewässert, ob sie gewachsen sind, weiß ich nicht, wie groß waren sie denn, als du heute morgen abgereist bist, David?« frage ich ihn.

Er räuspert sich: »Na na, ich weiß nicht so ganz genau, aber du kannst ja mal morgen früh mit dem Zollstock nachmessen, und dann kann ich mir ein Bild von meinen Bananenbäumen machen, aber wieso sagst du David zu mir, bist du etwa sauer?«

»Deine Bananenbäume sind allenfalls so groß wie Zahnstocher, mein Schatz, was soll ich da wohl messen, im übrigen hab' ich wirklich andere Sorgen.«

»Wieso Sorgen, Mariechen, ich bin doch gar nicht da!« tönt es aus dem Hörer, und dabei höre ich ihn grinsen. »Das ist es ja«, kontere ich, »du fehlst mir, meine ganze Freizeit geht fürs Gießen flöten. »Ist ja nur für zwei Monate, die gehn schnell rum«, versucht mein Dave mich zu trösten, »ich vermisse dich jetzt schon, schlaf gut und Küßchen an die Hunde!« » Soll ich Jasper und Esther wirklich auf die Schnauze küssen, oder reicht eine Kußhand?« neckte ich ihn. »Sei nicht albern, Du weißt was ich meine Schatz«, erwiedert er. Nun folgt noch ein liebevolles »Gutenacht« von uns, an uns, und das Gespräch ist beendet.

Wenn ich zu dem Zeitpunkt gewußt hätte, daß aus zwei glatt vier Monate würden ...

Darf's ein bißchen mehr sein? ...

An diesem Morgen werde ich sehr unsanft geweckt. Etwas ist in mein Gesicht geplumpst und ich schrecke hoch. Die kleine Esther hat doch tatsächlich einen meiner Hauslatschen geholt und auf mein Gesicht fallen lassen, so nach dem Motto: »Aufstehen, Alte, ich will jetzt raus in den Garten, hier hast du deinen Pantoffel!« Es wundert mich doch sehr, das hat Esther noch nie gemacht. Nur allzugern hätte ich heute etwas länger geschlafen, aber was soll's, die Natur verlangt eben ihr Recht. Noch einmal rekle ich mich wohlig in den Federn. Mein »Großer«, Jasper, sieht auch noch ganz müde aus und mag sich noch nicht bewegen. Als ich auf den Wecker schaue, sehe ich, daß es gerade erst halb sieben ist, erst mal falle ich zurück in mein kuschliges Kissen, habe keine Lust aufzustehen. Na ja, denke ich, kann nicht schaden, schon ein paar Blumen und Sträucher zu begießen, bevor es gar wieder so heiß ist; und dann träume ich mit halboffenen Augen noch so vor mich hin

In Nordeuropa ist die Sintflut ausgebrochen und wir werden hier verheizt. Es könnte doch bitte sehr, ein wenig gerechter zugehen. Ausgesprochen praktisch fände ich es, wenn es hier nachts regnen würde, dafür in Nordeuropa trocken bliebe. Am Tage könnte es umgekehrt sein, so würde Chaos als Urlaubsinsel attraktiv bleiben, und den Nordeuropäern bliebe die Sehnsucht nach Sonne erhalten. Alle wären glücklich und zufrieden – besonders der arme Gartenschlauch, der seit April zweimal täglich von mir durch den Garten gezerrt wird –, aber nein, uns bleibt nichts erspart. Noch besser fände ich, es gäbe einen Wetterladen, quasi ein Geschäft, in dem jeder sein eigenes Wetter wie Salmis kaufen könnte, so wie er es gerne hätte. Der Verkäufer: »Na, junge Frau, was darf's denn heute sein?«

»Für heute nacht hätte ich gerne sechs Stunden Landregen ohne Wind, aber angenehm kühl. Morgen unbedingt schönes Wetter, aber nicht über 27 bitte.«

»Oh, das tut mir aber leid, 27 Grad für morgen sind aus, darf es denn etwas mehr sein?«

Da muß ich erst überlegen ... »Na, meinetwegen, aber nicht mehr als zwei Grad.«

Das wäre doch mal etwas Reelles, nicht wahr?

Ausgeträumt, leider, nun taufe ich Esther gleich um, der Name Rabiata würde gut zu ihr passen, denn das kleine Biest hat meine Hand geschnappt und mit aller Kraft versucht sie, mich aus dem Bett zu ziehen, das tut doch weh.

Im Zeitlupentempo verlasse ich mein Schlafnest, wackle zur Terrassentür, ich öffne die äußeren Lamellentüren vom Schlafzimmer und verliere fast mein Gleichgewicht, weil meine Hunde gleichzeitig aus der Terrassentür stürzen, um, ich weiß nicht was, zu verbellen. Rücksichtslose Bande, die. Nachdem ich alle Fenster und Lamellen im Haus geöffnet habe, brühe ich mir erst einen Kaffee auf, schließlich muß ich ja noch wach werden und gehe hinaus auf die Terrasse.

Es kommt mir heute morgen noch viel wärmer vor als gestern, bei meinem Rundgang ums Haus schaue ich so nebenbei aufs Außenthermometer, die Quecksilbersäule zeigt schon 26,4 Grad Celsius. Oh, das wird heftig heute, denke ich und begebe mich ins kühlere Haus, es ist höchste Zeit, alle Fenster und Terrassentüren wieder zu verrammeln, um die aufkommende Hitze auszusperren. Jasper sitzt vor der Badezimmertür, er ist ein Spanner, immer wenn ich im Bad bin, ist er auch drin, läßt mich nicht aus den Augen. Heute huste ich dem Jasper was. »Nee, mein Kleiner, heute morgen dusche ich nicht, ich werde nachher im Meer baden, das reicht.« Jasper legt den Kopf schief und wedelt mir fröhlich zu. »Kriegst gleich deinen Zwieback,« verspreche ich, das ist ein magisches Wort, denn Esther kommt herbeigesaust, stellt sich auf die Hinterpfoten und bettelt. »Nix da, erst ziehe ich mich an.« Wo ist denn nur das kurze, extra weite Hängerkleid? Es ist zum verzweifeln, ich wühle in meinem Kleiderschrank – Die Hunde helfen mit –, vergeblich, da fällt mir ein, ich habe es ja gestern nachmittag noch schnell per Hand gewaschen, und nun hängt es noch auf der Leine zum Trocknen. Weil ich nun aber zu faul bin, mein Kleid von der Leine zu pflücken – Jede Bewegung strengt an und kostet Schweiß –, ziehe ich es vor, Badezeug, anzuziehen und schlüpfe in meinen ausgeleierten Bikini, setze meinen Strohhut auf, und bevor ich in den Garten gehe, teile ich den versprochenen Zwieback an die Hunde aus.

Zuerst gehe ich zum Zwinger, begrüße unseren Bobby, aber der ist auch noch schläfrig und zu faul, sich zu rühren. Er liegt unter seinem Olivenbaum in einem selbstgebuddelten Riesenkrater und genießt die kühle Erde unter sich, in seiner Igluhütte ist es wohl zu stickig. Mit dem Gartenschlauch fülle ich noch frisches Wasser in seinen Trinknapf. Davids Bananenpflanzen bekommen heute als erste reichlich von dem kostbaren Naß. Mir fällt auf, daß die Pflanzen einen gewaltigen Schuß in die Höhe gemacht haben, eine reicht mir sogar schon zu den Fußgelenken, kein Wunder bei der tropischen Hitze, das muß ich meinem Schatz unbedingt erzählen, nehme ich mir vor.

Langsam beginne ich meine morgendliche Runde fortzusetzen und versuche, so gut es geht, den schon heißen Sonnenstrahlen auszuweichen. Meine Foxis haben ihren Morgenspaziergang hinter sich und liegen nun lang ausgestreckt auf den warmen Steinen im Hof und sonnen sich, ein paar Minuten später werfen sich die beiden in den Schatten und suchen wieder Abkühlung. Nur knappe zwei Stunden halte ich durch, dann ist es schon zu heiß, um weiterzumachen, der Schweiß rinnt in Bächen an mir herunter, und ich brause mich kurz mit dem Gartenschlauch ab, fünf Minuten später ist meine Haut schon wieder trocken, und ich beeile mich ins Haus zu kommen.

Jasper stimmt ein fürchterliches Bellen an, und ich flitze, so schnell ich kann, um den Grund herauszufinden, es könnte eine Schlange sein. Ist aber blinder Alarm, Lady Rabiata schleppt eine große Schildkröte an, die sie irgendwo im Garten gefunden hat. Ich tausche das Panzertier gegen einen Zwieback. Diese Tauschgeschäfte klappen prima, Jasper bekommt auch einen Zwieback als Dankeschön fürs Petzen. Ich betrachte mir die Beute näher, es ist ein schönes, gesundes Landschildkrötenmännchen, ich lege es in einen hohen Plastikeimer und stelle diesen auf den hundesicheren Sims des Küchenfensters.

Das Telefon läutet, und als ich mich melde, höre ich die Stimme meines Gatten: »Na, Schatz, warst du schon im Garten?«

»Ja, Dave, sehr früh sogar, es ist schon ziemlich heiß, ich werde aber gleich zum Schwimmen fahren, an der See ist es immer ganz erträglich.« Nebenbei erzähle ich meinem Süßen – ohne daß er nachgefragt hat – von seinen prächtigen Bananenpflanzen, aber mein David registriert das gar nicht und klingt irgendwie deprimiert: »Oh, toll, ich wünschte, ich könnte jetzt auch mit nach Glyfada kommen, aber leider die Arbeit geht vor.«

»Hör mal«, sage ich, »der Vertrag für diesen Job läuft doch am Freitag aus, du bist doch am Wochenende hier, nicht wahr?« Mein Mann schweigt ins Telefon, und ich sehe förmlich wie er überlegt was er nun sagen soll, denn ich ahne schon was, da sagt er auch schon: »Ja, mein Schatz, normalerweise wäre ich ab Samstag zu Hause, aber die brauchen hier dringend noch Leute, und es wird ja auch super bezahlt.«

»Aha, was heißt denn das?« Ich bin egoistisch und denke an die tägliche Gartenarbeit. David ist mutig und sagt es nun frei heraus: »Es ist mir nicht leichtfallen, doch ich habe den Vertrag noch einmal um zwei Monate verlängert, aber ich komme in drei Wochen für sieben Tage nach Hause, der Flug ist schon gebucht.«

»Na toll«, sage ich nicht gerade fröhlich, »da hast du ja wenigstens noch eine gemeinsame Woche mit deiner geliebten Schwiegermutter, die kommt nämlich nächsten Samstag.«

»Ach ja, das hatte ich total vergessen«, mein Mann seufzt ganz laut, »aber dank Mum bist du ja wenigstens nicht mehr so ganz alleine.«

»Ach, was du nicht sagst, und bis dahin unterhalte ich mich mit den Hunden, was?« frage ich scherzhaft.

»Du kannst doch auch deinen Hausfrauenfunk einschalten, ein wenig mit Elke klönen«, flüstert mein David plötzlich – wahrscheinlich macht jemand große Ohren –, »muß jetzt auflegen«, und verabschiedet sich mit den Worten: »Sei nicht so traurig, ich liebe dich und rufe nachher noch einmal an, o.k.?«

»In Ordnung, Schatz, ich wollte nicht meckern, aber es ist doch hart für mich so ohne Dich.«

»Ja, ich weiß, also bis nachher, wann bis Du wieder da?«

»Ruf lieber heute abend an, dann bin ich gewiß im Haus, Du weißt ja, wässern!« Mein Schatz verspricht mich heute abend noch einmal anzurufen und legt auf.

Mir fällt das Funkgerät ein, nicht das große Amateurradio, nein, ich meine ein CB-Funkgerät, das Michael mir zur Verfügung gestellt hat, damit ich den Kontakt mit seiner »Lieblingsfrau«, meiner Cousine Elke, pflegen kann. Elke verbringt den ganzen Sommer auf ihrem wunderhübschen

Grundstück in Gesellschaft ihrer beiden Foxterrier – Michael muß arbeiten und verbringt nur seine Urlaubswochen hier. Wir Frauen haben immer viel Zeit miteinander verbracht, aber in den letzten Wochen sehen wir uns leider nicht so häufig, die Hitze dieses »Jahrhundertsommers« macht uns und den Tieren sehr zu schaffen, wir sind auch nicht mehr so taufrisch wie vor 20 Jahren. Seit geraumer Zeit treffen wir uns nur noch ab und zu am Strand. Die Mittagshitze und den frühen Nachmittag verbringen wir zu Hause, wo es am kühlsten ist bzw. wo wir glauben, daß es am kühlsten ist, und da irren wir uns auch meistens.

»Hallo Elke, hallo Elke, bitte melde dich«, rufe ich in das Mikrophon, keine Minute später antwortet sie mir schon »Hallo, sage mal, wo treibst du dich denn nur rum? ich habe schon oft gerufen und machte mir schon Gedanken.«

»Beruhige dich mal, Elke«, und wir verabreden uns, wollen uns gleich am Strand treffen. Ich beglücke meine Hunde mit einem Extrazwieback, mit doppelt Leberwurst drauf – ziehe ich sinnigerweise nachher von der Futterration wieder ab – sie dürfen nicht mit. Im Haus auf dem kalten Marmorboden sind die beiden besser aufgehoben, die Tiere wissen es auch ganz genau und haben gar keine Lust mitzukommen.

Die Sonne steht schon hoch am Himmel und hat den vor Minuten noch schattigen Parkplatz meines Autos in ein Sonnenstudio verwandelt. Leider ist der Jeep nun aufgeheizt, ich verbrenne mir fast den Hintern, als ich mich hineinsetze, ich schiebe mir mein Badetuch unter, und nun ist es erträglich. Das Lenkrad war noch im Halbschatten, und so bleiben meine Hände wenigstens unversehrt. Ich starte den Motor und fahre etwas zügiger los, auf frischen Fahrtwind hoffend. Nach zweihundert Metern auf dem jetzt noch schattigen Sommerweg fällt mir der Schildkröterich wieder ein. »Mist, wie kann ich nur so blöde sein«, meckere ich herum. Hier gibt es nämlich keine Möglichkeit, den Wagen zu wenden, der Sommerweg ist zu schmal.

Na, ja, warum nicht einen netten kleinen Spaziergang zurück machen, sind ja höchstens 34,9 Grad Celsius im Schatten der Sträucher, an denen ich nun ermattet entlang zurück zum Haus gehe, um das Panzertier zu holen. Auf dem Rückweg zum Jeep, setze ich den Geretteten in einen flachen Graben, in dem noch viel Grün sprießt, »So kleiner Mann, nun iß mal schön, und paß gut auf dich auf«, verabschiede ich mich von dem Kleinen. Zwei Minuten später sitze ich wieder im Auto und setze meine Fahrt zum Meer fort.

Die Fenster sind heruntergekurbelt, das Mittagskonzert der Grillen und Zikaden übertönt in unglaublicher Lautstärke das Motorengeräusch meines Wagens. Warmer Wind streicht durchs Fahrzeug und läßt meine kurze Haarpracht wild durcheinander flattern. Der aufdringliche Geruch von blühendem Ginster sowie der aromatische Duft wilden Thymians und Oreganos begleiten mich während der ganzen Fahrt. Die Kräuter wachsen hier überall sehr üppig, man kann sie ohne Mühe finden, wenn man nur will. Die Serpentinen sind zu meiner Rechten schon vollgeparkt und ich fahre vorsichtig hinunter bis zur Taverne. Dort wartet ein Parkplatz in der großen, schattigen Garage auf mich, der nette Dimitris hat mir erlaubt, hier zu parken, wenn ich keine andere Möglichkeit finde, meinen Jeep abzustellen. Elke ist auch schon da, ich entdecke ihren Passat auf einem der wenigen Parkplätze der Taverne unter einem Olivenbaum.

Bevor ich zum Strand hinuntergehe, mache ich noch einen kleinen Abstecher zur Taverne und werde freudig von Dimitris und seiner Frau Marina begrüßt. Sie laden mich zu einer kalten Cola ein. Das kalte Getränk tut mir gut, ich kaufe noch schnell zwei große Tüten Eiscreme und laufe, so rasch ich kann, durch den heißen, feinen Sand, hinunter zum Meer.

Elke sitzt im seichten Wasser, ihre beiden Foxis Jana und Buddy spaddeln um sie herum und versuchen sich abzukühlen. »Es ist kaum möglich, sich im Wasser zu erfrischen«, ruft Elke mir entgegen, »es ist heute piewarm.« Das merke ich auch, als ich mich zu ihr geselle. »Hab uns Eis mitgebracht,« sage ich und überreiche Elke ein Eis. Schweigsam schlecken wir die Hälfte vom Eis, die anderen Hälften wandern in die Hundeschnuten. »Ist das nicht furchtbar? Ich weiß gar nicht mehr, wo ich hinkriechen soll«, klagt Elke, »es ist so heiß auf meinem Grundstück, und selbst im Schatten ist es nicht zum Aushalten.«

Das ist schon wahr, bei Windstille gleicht die kleine Senke, in der Elkes kleines Reich liegt, eher einem Brutkasten, in dem man kaum atmen kann. Sie sieht auch gar nicht wohl aus, und ich mache mir Sorgen, aber wie kann ich ihr helfen? »Komm doch mit zu mir, Elke, im Haus ist es erträglich«, schlage ich vor. »Das geht nicht gut mit den Hunden, die vertragen sich doch nicht, und allein im Wohnwagen lasse ich die beiden nicht, darin kommen sie um vor Hitze.« »Außerdem«, fährt Elke fort, »habe ich eine wahnsinnige Angst vor einem Buschbrand, ich kann nicht lange von zu Hause fern bleiben.« Recht hat Elke, und ich habe ein sehr ungutes Gefühl bei dem Gedanken, ihr nicht helfen zu können. »Mist aber auch, daß die Klimaanlage nichts bringt«, stöhnt Elke, »der Kühlschrank wärmt eher mehr, als er kühlt.« Meine Cousine tut mir aufrichtig leid. Wer hätte aber auch gedacht, daß es so heiß werden würde. Nicht einmal nachts kühlt es so richtig ab.

Vor 30 Jahren hatten wir schon einmal einen solchen Sommer«, erinnert sich Dimitris als wir im Garten der Taverne einen Salat mit Schafskäse futtern und dazu eine Soda trinken. »Vielleicht sollten wir zum Flughafen fahren, in der neuen Ankunftshalle ist es dank Klimaanlage herrlich kühl«, sage ich scherzhaft. Elke schaut mich zweifelnd an: »Tolle Idee, vielleicht noch mit Picknickkorb und Schlafsack?«

»Na«, sage ich, »das ist doch eine Superidee!«

Aber zum Lachen ist uns in diesem Moment wirklich nicht zumute. Es ist jetzt kurz nach zwölf, und es ist noch heißer geworden. Es ist höchste Zeit, wir wollen nur noch schnell nach Hause, nach dem Rechten schauen, und so machen wir uns auf den Heimweg.

Jasper und Esther toben wie die Irren um mich herum, als ich völlig erschöpft das Haus betrete, sie freuen sich über meine Gesellschaft. Unter der Dusche spüle ich schnell das Meerwasser von meinem verschwitzten Körper, danach genehmige ich mir ausnahmsweise am lichten Tag ein Bier – Wenn das meine Mama wüßte – um danach wohlig in mein Bett zu fallen. Ich werde so wenigstens ein paar Stunden Hitze überbrücken, bis zu den »Wasserspielen« am frühen Abend im Garten.

Kurz bevor die Nacht einbricht gehe ich wieder ums Haus, ich will die Lamellen vor den Fenstern und Terrassentüren schließen. Die Außenwände des Hauses strahlen die Hitze des Tages ab, und diese vermischt sich mit der verdunstenden Feuchtigkeit des Rasens, auf dem die Wassersprinkler sich während der Nacht unermüdlich drehen. Eine Luft wie in der Sauna, denke ich und beeile mich ins Haus kommen.

»Was Elke wohl gerade macht?« Ich versuche, sie über das Funkgerät zu erreichen, mache mir Gedanken, als meine Cousine sich nicht gleich meldet, und als endlich »Hast du mich gerade gerufen, Marie?« aus dem Lautsprecher ertönt, atme ich erleichtert auf. »Gerade war ich im Garten, gießen, und habe auch den Wohnwagen und die Erde, drum herum tüchtig naß gemacht, ich habe doch solche Angst vor einem Feuer.« Wie soll ich Elke beruhigen? Das ist nicht so einfach.

Die Brandgefahr ist wirklich groß, zahlreiche Brände haben schon auf der Insel gewütet, und es werden bestimmt noch andere folgen. Bei dieser Trockenheit reicht eine leichtsinnig weggeworfene Zigarettenkippe oder ein achtlos im trockenen Gras geparktes Auto, dessen Katalysator noch heiß ist, um ein Inferno auszulösen. Andererseits soll es auch Leute geben, die auf diese Weise »Bauland« gewinnen.

»Das Funkgerät bleibt heute nacht mal an, Elke, falls du Hilfe benötigst, kannst du rufen.« Meinen Vorschlag nimmt Elke dankend an, denn ihre unmittelbaren Nachbarn sind zur Zeit auf dem Festland und das nächste Telefon ist erst oben im Dorf. Den nächsten Funkkontakt verabreden wir für morgen früh und hoffen auf eine ruhige, ereignislose Nacht.

Gerade bin ich damit beschäftigt, den Gartenschlauch zusammenzurollen, da merke ich wie sich ganz allmählich der Himmel verdunkelt. Ein Windhauch treibt kleine Aschenreste durch die Luft, sie rieseln ganz langsam wie Schneeflocken um mich herum und sinken tanzend zur Erde. Beunruhigt schaue ich in den Himmel und sehe dicke Rauchschwaden über unser Dorf hinwegziehen, ich bekomme Angst und laufe ins Haus. »Wenn ich wissen will, wo es brennt, muß ich bei Dinos anrufen«, überlege ich und wähle auch schon die Nummer von dem kleinen Tante-Emma-Laden« im Nachbardorf.

Wie alle kleine Läden in den Dörfern, so gleicht auch Dinos Gemischtwarenladen einer Nachrichtenzentrale. Lakis, Dinos Sohn, hebt ab, und als er meine Stimme erkennt, beruhigt er mich sofort: »Das Feuer ist auf der anderen Seite des Hügels, die Feuerwehr und viele Freiwillige sind dabei, es einzudämmen. Für unsere Dörfer besteht keine Gefahr, wirklich nicht.« Erleichtert bedanke ich mich, lege auf, und dann bemühe ich mich Elke ans Funkgerät zu bekommen. Immer wieder rufe ich, nach endlos langen Minuten endlich meldet sich meine aufgeregte Cousine: »Marie, ich habe keine Zeit, bin nur mit dem Wasserschlauch zu Gange, mache den Wohnwagen und rundherum alles naß, falls das Feuer bis hierher kommt, es ist ja schon so nahe, ich habe Angst. Obwohl, Petros ist eben gekommen, und der sagt, das Feuer kommt nicht bis hierher, es ist auf der anderen Seite der Chaussee.« Das bestätige ich, und nun kann ich Elke ein wenig beruhigen, aber ich muß ehrlich gestehen, daß ich noch etwas Angst habe. »Es wird mir nicht leichtfallen, künftig meine Tiere allein im Haus zurückzulassen, sei es auch nur für eine Stunde, ein Feuer könnte jederzeit und überall ausbrechen. Ich bin jedenfalls so lange auf der Hut, bis der erste Regen fällt und die Gefahr fürs erste bannt.« Elke teilt meine Sorgen und sie berichtet noch: »Gestern habe ich übrigens den ganzen Nachmittag mit meinen Hunden in einer Halle im Flughafengebäude gesessen, es war ja angenehm dort, aber es ist ja keine Lösung. Wäre ich nur mit Michael nach Hamburg zurückgeflogen.« Was soll ich nun dazu sagen? Ich bin ratlos und muß den ganzen langen Abend darüber nachdenken, wie ich die Situation meiner Cousine etwas verbessern kann, mir fällt aber nichts ein, irgendwie habe ich ein schlechtes Gewissen.

Es scheint, daß zur Zeit alle Menschen und Tiere unter dieser fürchterlichen Hitze zu leiden haben, und so wie es aussieht, wird der so dringend notwendige Regen noch lange auf sich warten lassen.

Niedliche Schlange gefällig? …

Pünktlich um sieben Uhr morgens versuche ich meine müden Gebeine aus dem kuschligen Bett zu schieben. Die Hunde blicken mich verstört an – sie haben von Herrchens Bett Besitz ergriffen – es ist einfach noch nicht Zeit zum Aufstehen, geben sie mir zu verstehen. Die Viecher haben ja so recht. Aber der Garten ruft. Bevor die Hitze wieder vom Tag Besitz ergreift, habe ich noch so einige Arbeiten zu verrichten.

Zwei Stunden später sitze ich gemütlich mit meinem Becher Kaffee auf der schattigen Terrasse, als Jasper und Esther unruhig werden, als ich den Grund der Unruhe erblicke, gehe ich gelassen zum Jeep, öffne die Hecktür, und meine guterzogenen Gefährten springen artig hinein. Natürlich lasse ich während der ganzen Aktion den Unruhestifter nicht aus den Augen. Es ist eine große braune, sehr dicke Kreuzotter, ein trächtiges Weibchen. Sie sonnt sich mitten auf unserer Auffahrt und ist sehr träge, so scheint es jedenfalls. Langsam, im großen Bogen gehe ich zum Haus zurück, mit dem langen Bambusstab – der griffbereit für eben diese Vorkommnisse neben der Haustür deponiert ist – gehe ich, den Stab ausgestreckt, kräftig auf die Steine schlagend in Richtung Kreuzotter. Sie ist eine brave Schlange und schlängelt sich schwerfällig auf das mit Farnkraut überwucherte Nachbargrundstück. Erleichtert atme ich auf und beschließe, sofort etwas gegen weitere Schlangenbesuche zu unternehmen. So eine Panik wie vor zwei Jahren möchte ich nicht nochmal erleben:

Es war Anfang Mai 1996, als David Mann wieder einmal damit beschäftigt war, den Baumbestand unseres Gartens zu vergrößern. Jasper kläffte völlig hysterisch, und mein Mann sah gerade noch, wie unsere kleine Esther nach einer Schlange schnappte, im gleichen Augenblick mußte unsere Hündin sich übergeben und fiel zu Boden, einfach so, sie bewegte sich nicht mehr. Der Lärm hatte mich aufgescheucht. Als ich die Situation erfaßte, rief ich Jasper ins Haus, schnappte die Autoschlüssel, eilte, so schnell ich konnte, zum Jeep, mein Mann saß schon im Fond, das leblose Estherkind im Arm. Wortlos sahen wir uns an und brausten in die Stadt in die Tierklinik.

Gott sei Dank wohnen wir ja nur zehn Autominuten vom Stadtzentrum Chaotikis' entfernt, und so verloren wir auch keine, jetzt so kostbare Zeit. Die Tierklinik war gut besucht, und David, der mit unserem Liebling im Arm in die Praxis stürzte, zog alle Blicke auf sich. Der Tierarzt fragte nicht. Als er sah, daß Esthers ehemals so zierliche Schnauze ein einziger dicker Ballon war, handelte er sofort. Unser kleines Fellbündel wurde vollgepumpt mit Kortison und Antibiotika. Esther atmete immer flacher, und der Arzt begann ihr kleines Herz zu massieren. Mit tränenden Augen standen wir dabei, endlich fing Esther an, tiefer und kräftiger zu atmen, nun hatte sie das Schlimmste überstanden, wir auch, so dachten wir jedenfalls. Sie bekam noch eine herzstärkende Spritze, und dann begann Esther sich aufzurichten, und der Tierarzt gab uns zu verstehen, daß es geschafft sei. Die Kleine benötigte am nächsten Tag noch weitere Spritzen, unter täglicher Tablettengabe dürfte die Genesung jedoch rasch vorangehen. Glücklich nahmen wir unsere traurige, süße, sonst so kesse Esther in Empfang und machten uns auf den Heimweg.

Zu Hause angekommen, wurden wir nicht wie gewohnt von unserem Jasper begrüßt. Mein Mann legte Esther vorsichtig in ihr Körbchen, dann suchten wir unseren Liebling und fanden ihn in Davids Arbeitszimmer, verstört und apathisch, mit dick angeschwollenem Kopf. Mein Mann schnappte sich das Telefon und verständigte den Tierarzt, ich griff mir Jasper, und die gleiche Hetze begann von vorn. Wir machten uns Vorwürfe, warum haben wir unseren Jasper nicht gleich mitgenommen? Er war doch aber putzmunter, als wir wegfuhren, was war geschehen? Der Tierarzt klärte uns auf: Esther wurde zweimal hintereinander von der Viper gebissen, der zweite Biß traf unglücklicherweise eine Blutbahn. Jasper wurde einmal gebissen, auf dem Nasenrücken, das Gift konnte nicht so rasch ins Blut gelangen und darum war Jaspers gesundheitlicher Zustand noch einigermaßen stabil und Gott sei Dank nicht bedenklich. Jasper ließ geduldig die Prozedur der Spritzen über sich ergehen und machte auf dem Heimweg im Auto schon wieder einen munteren Eindruck. Es dauerte aber noch zehn Tage, bis die Hunde sich von den Schlangenbissen einigermaßen erholt hatten.

Eine kleine Weile warte ich noch ab, dann entlasse ich beruhigt meine beiden Wächter aus dem Auto und übermütig tollen die beiden wieder durch den Garten. Es ist noch herrlich kühl auf der Terrasse, ich lege mich in den Schatten und faulenze, bis es Zeit ist fürs Mittagessen. Nach dem Essen rufe ich Jasper und Esther ins Haus und beschließe, mein mir so lieb gewordenes Mittagsschläfchen zu halten. Müde falle ich in mein Bett, und wie auf Kommando springen die beiden Hunde ins leere Nachbarbett, werfen sich der Länge nach in die weichen Decken und stellen sich augenblicklich schlafend. Ich lasse sie gewähren, und so ratzen wir satte drei Stunden, bis der blöde Wecker uns aus den schönsten Träumen reißt, es ist höchste Zeit für das sich allabendlich wiederholende vierstündige Duell mit dem Wasserschlauch gegen die Trockenheit und die unerträglichen Hitze.

Die Terrassentüren und Fenster sind weit geöffnet. »E lucevan le stelle ... « singt Herr Carreras, heute ist mein Opernabend. Gemütlich auf dem Sofa liegend, lausche ich den Arien aus »Tosca«. Mit einem Glas Wein, bei Kerzenlicht, habe ich mir ein stimmungsvolles Ambiente geschaffen. Für mich ist es wichtig, ab und zu mal richtig abzuschalten.

Ich schrecke auf, die Uhr zeigt weit nach Mitternacht und das Telefon läutet. Nur widerwillig verlasse ich mein Bett und hebe ab, mein Gatte meldet sich, und das um diese Zeit!

»Schatzilein, du bist wirklich super, du kümmerst dich um meine Bäume, und ich? Ich armer Boy muß in einen irischen Kneipe sitzen und Bier trinken, weil mein Kollege einen Abschiedsparty gibt, dabei würde ich viel lieber bei dir sein.« Aha, der Herr ist nicht mehr ganz nüchtern, denke ich und sage: »Hör mal, Liebling, können wir das nicht morgen bereden?«

»Auf gar überhaupt keinen Fall, ich muß jetzt deine Stimme hören, wie war er heute?«

»Wer?«

»Dein Tag.«

Die Hunde haben eine Schlange verbellt, und ich habe sie verscheucht, wir haben fein geschlafen heute nachmittag und eben so das Übliche, David!«

»Wieso sagst du schon wieder David zu mir, ist deine Leber vielleicht verlaust? Und meine ganzen Pflanzen? hast du sie begossen?« «Aber David, von welchen Pflanzen sprichst du denn?«

Mein armer Dave: »Du hast alle versorgt, nicht wahr? War ne blöde Frage von mir Schatz!«

»Heißt das, du verschonst mich mit dem ewigen »hast du gegossen?«

Besserung gelobend, antwortet er: »Werde mir Mühe geben. Ist nun deine Leber doch lausig oder liebst du mich nicht mehr?«

»Ich liebe dich in diesem Moment ganz doll, Schatz, ich bin nur müde.«

»Aha, warum liebst du mich jetzt ganz doll, wo ich doch gar nicht da bin?«

»Ich liebe dich immer, so, nun feiere mal schön weiter, ich möchte jetzt wirklich in mein Bett zurück, es ist schon sehr spät.« – Pause – »Wieso? Ist doch erst Viertel vor zwölf,«

»Du hast die Zeitverschiebung vergessen, Schatz, gute Nacht.«

»Oh, tut mir wirklich leid, Schatzilein, wirklich, höchsten Zeit, daß du schlafen gehst, ist ja schon so spät, sleep well.«

Endlich kann ich wieder zurück in die Falle, ich kann meine Augen kaum noch aufhalten.

Strandleben

Ein paar Minuten nach acht Uhr scheuche ich die Hunde in den Garten, um sie nach kurzer Zeit mit dem Versprechen » feiner Zwieback« wieder ins Haus zu locken. »Ich komme bald wieder,« erzähle ich den beiden und fahre ans Meer. In Glyfada will ich mit meiner Freundin Nina den Vormittag verbringen. Nach ganzen zwölf Autominuten habe ich den noch menschenleeren Strand erreicht. Nina ist schon im Wasser und winkt mir zu. Schnell vertausche ich mein Hängerkleid – weit und figurfreundlich – mit dem Bikini für kompakte Damen, schön groß geschnitten, und stürze mich in die warmen Fluten. Das Leben ist herrlich, jedenfalls in diesem Augenblick.

Am Strand ist immer was los, man schwimmt im glasklaren Meer, döst anschließend in der warmen Sonne so vor sich hin, geht zur Strandtaverne, trifft Lieblingsfreundin Nina und andere Menschen, trinkt ein gutgekühltes Bier – oder auch zwei, es ist ja so heiß und man braucht flüssiges um zu schwitzen –, wackelt angetüddelt zurück zum Strand, fällt auf die Liege und döst weiter. Ein feines Leben!

Nina und ich sind vom Bad im Meer auf die sonnenwarme Liege übergewechselt, sind ganz fürchterlich faul, wollen uns nicht einmal unterhalten und das passiert ausgerechnet uns, die wir im Dauerquasseln jeden Preis gewinnen würden, gäbe es denn einen.

Oft schon haben wir uns schlapp gelacht, zum Beispiel über unsere unzureichenden griechischen Sprachkenntnisse und die daraus resultierenden Mißverständnisse:

Vor einigen Jahren, Nina war erst kurze Zeit auf der Insel und hatte sich mit vielen Leuten zum Essen verabredet. Meine Freundin ist ein Sprachtalent und studierte einen Tag vor besagter Verabredung den Satz: Garson, echete fresko Psomie – auf deutsch: Ober, haben sie frisches Brot?

Abends in der alten Taverne des Dorfes Vatos: Nina saß – nun schon etwas angeheitert – in fröhlicher Runde und verlangte lautstark:

»Garson, echete fresko Psolie?«

Brüllendes Gelächter brach aus, der Ober grinste verdattert, und meine

Freundin wußte überhaupt nicht wieso, warum. Sie saß nur ratlos da, bis ein Grieche die Ärmste fragte:

»Was Du wollen von Ober?«

Nina: »Na, frisches Brot«

»Aha«, sagte der freundliche Grieche, »aber du chaben gefragt: Ober, chaben sie einen frischen Penis?«

Meine Nina begriff schnell, und noch schneller verließ sie, mit erhobenem hochrotem Kopf, die Taverne.

Nach einer ganzen Weile seufzt Nina: »Die Sommersaison hat mich am kommenden Dienstag eingeholt.«

»Aha« sage ich und sehe etwas irritiert zu Nina hinüber und da dämmert es mir ...

Gäste

Jedes Jahr genießen meine Freundin Nina und ich dieses Strandleben recht intensiv. Wir haben uns ja immer so viel zu erzählen, jeden Tag aufs neue, aber heute ist es anders. Unser geruhsamer Sommer droht in Besucherstreß auszuarten; und das alles nur, weil in Deutschland so 'n Scheißwetter ist. – Bei Schönwetter in Deutschland hält sich die überfallartige Invasion der Sonnesuchenden in Grenzen. Aber das kennen wir ja schon, alle Jahre wieder erinnern sich in Deutschland verbliebene Kinder, Geschwister, gute Freunde und andere Verwandte an die im Süden Lebenden, nämlich an uns.

Nina ist zu gutmütig, kann einfach nicht nein sagen, und so haben sich auch in diesem Jahr Angehörige und diverse Freunde schön der Reihe nach von Mai bis Anfang September angemeldet. Nina ist wie eine Glucke, kümmert sich um ihre Gäste, verwöhnt sie, wo sie nur kann, stellt ihre eigenen Bedürfnisse zurück, und am Ende der Saison ist sie fix und fertig.

David und ich sind keine so guten Gastgeber, wir haben das separate Gästehaus, zum Glück. Unsere Gäste müssen sich selber verpflegen und ihren Urlaub verplanen. Mein Gatte – falls er denn mal daheim ist –, jedoch meistens ich, fährt lediglich zum Flughafen, um unsere Gäste abzuholen.

Wenn die Herrschaften die Koffer ausgepackt haben, werden sie von uns natürlich zwecks Mieten eines Leihwagens, in das zwanzig Autominuten entfernte Dassia befördert – da sind die Wagen ja so viel günstiger als in der nahen Stadt.

Auch können wir es nicht übers Herz bringen, die frisch Eingereisten und von Ortsunkenntnis Geplagten, verhungern zu lassen. Selbstverständlich fahren wir mit unserem Wagen vorweg, um sämtliche Supermärkte und Minilädchen der näheren und weiteren Umgebung – da kann man billiger einkaufen, denn die Landbevölkerung ist meistens arm – abzuklappern.

Es geht ja nun auch nicht an, daß man Feriengäste wie blöd, völlig desorientiert, durch die Gegend fahren läßt, damit sie alleine herausfinden, wo die Strände sich versteckt haben. Nein, da müssen wir schließlich helfen.

Natürlich machen wir unseren Erholungsuchenden die Freude und zeigen ihnen in zwei bis drei Tagen die Naturschönheiten unserer Insel, das ist wohl das Mindeste, was man für sie tun kann.

Gänzlich unhöflich wäre es ja nun auch, unsere Urlauber nicht mehrere Male zum selbst zubereiteten Abendessen mit mehreren Gängen einzuladen.

Niemals würden wir uns trauen, unsere lieben Gäste alleine in die Stadt fahren zu lassen, aus Angst, sie könnten sich dort verirren und nicht mehr in unser verborgenes Nest zurückfinden.

Das gleiche gilt auch für die abendlichen Tavernenbesuche, welcher gute Gastgeber läßt seine Gänschen schon in stockdunkler Finsternis durch die Gegend irren? Wir jedenfalls nicht!

Letztendlich sind es im Durchschnitt ja nur an die 20 Besucher pro Sommer, – eher mehr

Außerdem fühlen wir uns jedesmal fürchterlich gebumsfiedelt, wenn die netten, ja nun wirklich anspruchslosen Besucher uns mehrmals täglich bestätigen: »Mensch, habt ihr das gut hier, uns frißt der Neid, ihr habt immer Dauerurlaub!« Aber klar doch, besonders im Sommer haben wir ja soviel Zeit, um Urlaub zu machen, im Winter ist es da viel stressiger, wenn wir manchmal wochenlang das Haus wegen Dauerregens nicht verlassen können. Dann müssen wir wohl oder übel mehrere Stunden täglich faul mit einem Buch auf dem Sofa rumliegen oder stundenlang fernsehen, um die Zeit totzuschlagen. Von den langen Abenden mit Freunden beim Essen ganz zu schweigen.

Die einzige Ausnahme machen wir bei meiner Mutter, wenn sie bei uns weilt, bemühen wir uns, für sie dazusein. Nur ungern möchte ich meine alte Dame, nicht einmal stundenweise, sich selbst überlassen. Schließlich ist sie, wie schon gesagt, meine Mama, und ich habe das Bedürfnis, mich um sie zu kümmern, und wenn sie mich nur läßt ...

Meine Mama ...

hat sich für drei Wochen angemeldet, und so habe ich mich selbst dazu verdonnert, mein Leben während dieser Zeit weitgehend Mutters Bedürfnissen anzupassen, zum Beispiel. bei größter Hitze im Auto über die Insel fahren. – »Kind, ich muß schließlich das schöne Wetter ausnutzen.« –. Bei jeder »schönen Aussicht« hieve ich die fotogafierwütige Omi aus dem Auto, um nach ein paar Minuten Motivsuche in sengender Sonne, mit den Worten: »Das war vorhin, so 600 Meter zurück doch schöner zu knipsen, nicht wahr, Mariechen?« diskret darauf hingewiesen zu werden, daß Omilein nun doch lieber wieder zurückmöchte um das schöne »Motiv dahinten« abzulichten.

Jedesmal bin ich nach so einer Tour geschafft, aber ich will meiner Mama keinen Wunsch abschlagen, auch wenn es manchmal schwerfällt. Es ist doch schön sie, mal wieder bei mir zu haben und am Abend mit ihr über »Alte Zeiten« zu quatschen, auch wenn ich manche Geschichten schon tausendundeinmal gehört habe, oder waren es eintausendundzweimal?

Meistens abends, nach dem Essen, holt Mutti ihre wirklich wunderschönen Fotos hervor, um sie uns zu zeigen. In der Hauptsache Motive von Sonnenuntergängen und vielen Wolken. Es sind gelungene Aufnahmen. Nur der Spruch: »Guck mal Kind, sind die Wolken in Hamburg nicht schön?« verleitet mich zur Frage: »Sind die Wolken in aller Welt nicht schön?« Die Antwort von Mama: »Weiß ich doch nicht, ich kenne nur die Wolken von Hamburg, hier gibt es ja gar keine.« duldet weiter keinen Kommentar.

Dann erklärt sie uns, daß sie, wenn sie die Wolkenbilder zu Hause betrachtet, phantasievolle Gestalten und Tiere darauf entdeckt und kommt ins Schwärmen. In diesen Momenten liebe ich meine fast 79jährige alte Dame noch mehr als sonst, wie sie so dasitzt, wie ein junges Mädchen mit geröteten Wangen, von ihren Bildern träumt. Ich wünsche mir, daß es Ihr noch lange so gut gehen möge.

Oft und gern denke ich an meine Mutter und daran, daß ich die Zeit mit ihr wirklich genieße, auch wenn wir nicht immer einer Meinung sind und auch mal Streiten. Wichtig ist doch nur, daß wir uns lieben, alles andere zählt nicht.

Na ja, in diesem Jahr habe ich nicht soviel Zeit, um mit Muttern über die Insel zu fahren, solange David noch immer in Deutschland weilt, habe ich ja die schwere Verantwortung für seine Bananenbäume und deren Gefährten im riesigen Garten. Irgendwie werde ich das meiner Mutter schon verklickern. Bei diesem Gedanken male ich mir aus, wie wir beide mit dem Gartenschlauch durch den Garten ziehen und sich dabei mein Zeitaufwand für die Gießarbeit halbiert, und das sind doch wirklich schöne Aussichten!

Hilfe

David hat sich nach etlichen arbeitsreichen Wochen in Deutschland endlich freigenommen und ist für eine Woche nach Hause gekommen. Gerade noch rechtzeitig um Mutters restliche Urlaubstage mitzuerleben.

Unsere Mama ist wirklich eine ganz Süße, sie hilft, wo sie nur kann, hat für alles, was ich tue oder lasse, einen guten Rat: »Rühr den Eierkuchenteig rechtsrum Kind, sonst wird das nix!«

»Also, Mama, seit 32 Jahren rühre ich Teig, wie's mir gefällt, und der war immer prima!« wage ich zu widersprechen.

Daraufhin meine Mutter: »Das kann überhaupt nicht sein« und »Kind, zieh' die Stirn nicht immer so kraus, du kriegst Falten!« – Dabei streicht sie sich über die Stirn und erzählt mir, wie ich meine Haut zu pflegen habe. Mama ist wirklich noch fast knitterfrei, hat eine Haut wie eine 30jährige, also muß ich ihr einfach glauben.

Eine Stunde später – eigentlich sollte ich das Abendessen vorbereiten, schließlich hatten wir meinen Bruder und meine Schwägerin zum Essen eingeladen – liege ich auf dem Sofa mit einem gutsortierten Sortiment Gurkenscheiben im Gesicht, und Mama wacht sorgsam darüber, daß die Zeit des Einwirkens auch nicht unterschritten wird. Na ja, ich brauche heute keinen Gurkensalat zuzubereiten, Gurke ist ausgegangen, und ich bin um einiges frischer.

Später, beim Kaffee beginnt Mutter von ihrer Lieblingsnachbarin und Freundin, Frau Itschewitsch, zu erzählen. Frau Itschewitsch ist Jugoslawin, fürchterlich nett und kocht einfach wunderbar, behauptet Mutti, alles mit ganz viel Knoblauch. »Du magst doch gar keinen Knobi, oder ißt du den inzwischen?« Meine Mama sieht mich ganz entrüstet an. »Ich esse keinen Knoblauch, igittigitt!«

»Na, woher weißt Du denn, daß Frau Itschewitsch denn so gut kocht?« »Ich hab' ihr mal beim Kochen zugesehen, und das roch auch sehr gut!«

Typisch meine Mutter! Mutti verzieht sich in den Garten, wahrscheinlich gibt sie den Pflanzen gute Ratschläge für besseres Wachsen und Gedeihen. Jetzt konzentriere ich mich ganz auf die Zubereitung meiner Spinatlasagne, natürlich mit ganz viel frischem Knoblauch!

»Oh, das riecht aber gut hier« Mama ist hereingeschlichen und bestaunt meine Lasagne, die im Ofen leise vor sich hin brutzelt. Mama: »Was wird denn das Schönes?«

»Spinatlasagne, Mama.«

»Wie, Lasagne? Kann ich das Rezept haben?«

»Du willst die Lasagne nachkochen?«

»Nee, Kind, das ist mir zuviel Arbeit, aber Frau Itschewitsch freut sich über jedes gute Rezept.«

Nun weiß ich Bescheid und bewaffne Mutter mit Zettel und Kuli. Langsam zähle ich die Zutaten für die Lasagne auf. Als ich die »vier großen Knoblauchzehen« ansage, werde ich von ihr unterbrochen: »Den Knoblauch kann ich doch weglassen, nicht?« Der Verzweiflung nahe, versuche ich Mama zu überzeugen: » Den laß mal schön in der Lasagne, der gehört nun einmal da rein, und Frau Itschewitsch mag Knoblauch!« Sie versucht es weiter: »Na, ich weiß nicht, das schmeckt bestimmt besser ohne Knoblauch!«

»Aber, Mutti«, erwidere ich entsetzt, »woher weißt du denn, ob diese Spinatlasagne ohne Knobi besser schmeckt, wenn du sie noch nie probiert hast!«

Mutters Antwort ist umwerfend: »Weil ich immer meine Knoblauchpillen nehme, jeden Tag drei Stück, und da brauche ich keinen anderen Knoblauch zu essen!«

»Das Rezept ist doch für Frau Itschewitsch, da kannst du doch ausnahmsweise mal den Knoblauch erwähnen; wenn sie ihn auch nicht mag, läßt Frau Itschewitsch die knofelige Zutat schon weg.«

Mama wird einsichtig und notiert artig die Knoblauchzehen. Dann sieht sie mich mit zusammengekniffenen Augen mißtrauisch an und fragt: »Hast Du denn in die Lasagne, die im Ofen ist, auch Knoblauch getan? Ich frage nämlich deshalb, weil, ich kann da sonst nix von essen! »Knoblauch vertrage ich nicht.« Ohne rot zu werden, beschließe ich notzulügen und verneine die Frage. Meine alte Dame ist zufrieden, und ich, leicht genervt, denke, ich werde mit der Wahrheit bis nach dem Essen warten.

Später, beim Abendessen, wendet meine Mutter sich demonstrativ an meinen Bruder: »Sieht deine Schwester nicht gut aus? Sie hat ja so schöne glatte Haut!« Daraufhin mein Bruder mit einem Augenzwinkern: »Aha, hat Mutti dir zufällig 'ne Gurke ins Gesicht geschmissen?«

Der Arme kennt also auch die sagenhafte Wirkung von Muttis Schönheitstips. Mama lobt die gelungene Spinatlasagne – mit viel Knobi – und legt noch mal nach. Als wir beim Dessert angelangt sind, erlaube ich mir Mama über die Schummelei mit dem Knobi in der Lasagne aufzuklären. »Du hast also den Knobi überlebt«, erkläre ich ihr. Mamas Reaktion ist wieder mal verblüffend: »Warum sagst du das? Du weißt doch, ich kann keinen Knoblauch vertragen, wenn da welcher drin gewesen wäre, hätte ich es sofort gemerkt, Kind, wenn du mich veralbern willst, mußt du aber etwas früher aufstehen!« So, ich habe versucht, ehrlich zu sein, und nun das!

Etwas verstört blicke ich die übrigen Familienmitglieder an, sie zwinkern mir zu und müssen herzlich lachen. Das wiederum veranlaßt Mutter zur Frage: »Lacht ihr etwa über mich?« Mein Bruder daraufhin schlagfertig: »Nee, Mama, wir lachen über das was wir alle gegessen haben, außer dir.« Mama schüttelt verständnislos den Kopf und gibt Ihrem kleinen – erst 46jährigen – Sohn einen Klaps auf die Wange mit der Bemerkung«: Frecher Bengel.«

Zwei Stunden später sitzt unser Mütterlein mit Tochter, Sohn und Schwiegerkindern satt und zufrieden auf der Terrasse. Wir »Kinder« erlauben uns, noch ein Gläschen Retsina zu genießen. »Nee, nee, mitten am hellichten Tag – 19 Uhr! – schon Wein trinken, in meiner Jugend gab's so was schon gar nicht!« Fassungslos hat Mama erkannt, wie lasterhaft ihre Kinder doch veranlagt sind, und begibt sich kopfschüttelnd und leise vor sich hin schimpfend in den Garten. Mein Bruder grinst über das ganze Gesicht und stellt fest, daß wir, selber Eltern von schon erwachsenen Kindern, wohl immer Mutters Halbwüchsige bleiben und darin sind wir uns alle einig.

Im Laufe der letzten 18 Tage lehrte Mama mich, wie man weiße Wäsche noch weißer wäscht, anschließend im Wind trocknet und in die Sonne zum Bleichen auslegt. – »Kind, ich wünschte ich hätte die Möglichkeit in Hamburg.« Echt witzig, hinterher ist die Wäsche hart wie Pappe, und man steht stundenlang da und sprengt die Wäsche mit Wasser ein, um sie überhaupt bügeln zu können.Sogar die Unterwäsche mußte dran glauben – aber ich ließ meine Mama gewähren, solange sie mich nicht aufforderte mitzumachen, lauschte ich ihren Ausführungen.

Ganz ehrlich freue ich mich insgeheim, meine Wäsche nach dem Waschen der Waschmaschine zu entreißen, in den Wäschetrockner zu schmeißen, nach dem Trocknen einfach kurz und schmerzlos zusammenzufalten und in den Schrank zu packen, so wie immer, wenn Mütterlein in Hamburg weilt. Dann werde ich auch hin und wieder mal bügeln, so wie ich es für richtig halte, aber auch nur wirklich im äußersten Notfall.

Der Mann für alle Fälle

Er heißt Jorgos und ist der ehrlichste, hilfsbereiteste und zuverlässigste Freund, den man sich vorstellen kann. Jorgos weiß immer Rat. Jorgos kann alles oder hat zumindest andeutungsweise Ahnung von allem. Unser Freund sägt Tag für Tag Olivenbäume aus und ab, baut große Meiler aus dem Holz und verbrennt es zu Holzkohle, die er dann an die Grillrestaurants verkauft. Das beste aber ist, daß es niemals zu Mißverständnissen zwischen uns kommt, denn Jorgos beherrscht die deutsche Sprache fast perfekt.

Neulich, als mein Mann wieder im Ausland weilte, hatte ich doch das Pech, daß mir der Wasserhahn über der Spüle in der Küche ohne

Vorwarnung abbrach. Das Wasser schoß in die Höhe und verteilte sich in kürzester Zeit in der gesamten, frisch gewienerten Küche. Zu meinem Glück konnte ich die Wasserflut dank des Sperrhahns unter der Spüle relativ schnell stoppen. Ich rief bei Jorgos zu Hause an, leider war er gerade nicht da, aber seine Ehefrau schreibt »Zettele.« Kurze Zeit später rief unser Freund zurück: »Was gibt's, meine Schatzilein, habs grade Zettele gefunden.« Eine kurze Schilderung von mir, und unser Jorgos ist eine halbe Stunde später dabei, einen neuen Wasserhahn zu montieren.

Dann die Sache mit den kaputten Apfelbäumen:

David telefoniert mit Jorgos: »Jorgo, könntest du bitte, natürlich nur, wenn du Zeit hast, unsere beiden gammligen Apfelbäume runternehmen? Ich danke dir mein Freund.« Ein sehr kurzes Gespräch. Aber unser »Mann für alle Fälle« wird auf jeden Fall morgen nachmittag um drei hier sein, versichert mir mein Mann.

Morgen nachmittag um drei: Ein Auto hupt laut am Tor, es ist Jorgos, und er gibt uns zu verstehen, daß wir unsere Hunde einfangen sollen. Er möchte jedenfalls nicht schuld sein, daß die Foxis ausbüxen, wenn er das Tor öffnet. Also, die Foxis sitzen nun im Jeep, Jorgos fährt seinen Wagen auf den Hof und steigt sehr langsam und sehr laut stöhnend aus demselben. »Was ist los, Alter?« fragt Dave. Mit vor Schmerz verzerrtem Gesicht antwortet unser Freund unter noch lauterem Stöhnen: »Wollt's euch nur Bescheid sagen. Bin's vom Baum gefallen, sechs Meter choch, vor einer Stunde. Hab's ganze linke Seite blau und Knie verletzt, ich kann heute leider nicht mehr kommen, Apfelbäume sägen.«

So ist er, der Jorgos, unser Mann für alle Fälle. Wir überlegen ernsthaft, ob wir ihm zu Weihnachten ein Gummiseil schenken, so für alle Fälle.

Daheim ...

Wir wohnen nicht nur auf Chaos, nein, wir sind hier mit Leib und Seele zu Hause. Heimweh nach Deutschland oder England? Nein, haben wir nicht, wie so viele Europäer, die ihr Herz an diese Insel verloren haben. Freunde, Verwandte und Kinder aus der alten Heimat kommen uns regelmäßig besuchen, wir verbringen dann sogar mehr Zeit miteinander als vorher, und neue Freunde verschiedener Nationalitäten, bereichern unser Leben.

Vor ein paar Wochen haben wir noch eine Hundedame – wir nennen sie Aliki – bei uns aufgenommen. Aliki war bis aufs Skelett abgemagert und wird liebevoll von uns aufgepäppelt. Die junge, hübsche Mischlingshündin kann keine Babys bekommen und ist bei Bobby eingezogen. Großzügig teilt er seinen Iglu mit ihr und in der Nacht auch unseren Garten.

David und ich möchten keinen unserer Hunde missen, sie geben so viel Liebe.

Südliche Träume ...

Die meisten der Geschichten entsprechen der Wahrheit, einige sind jedoch Teil meiner Phantasie, wie zum Beispiel der oberste Chef des hiesigen Zolls.

Die Geschichte hat sich nicht so ereignet, aber ähnlich. Die Beamten und Angestellten der Zollbehörden und des Flughafens haben uns stets korrekt, freundlich und sehr zuvorkommend behandelt. An dieser Stelle möchte ich noch einmal sagen: »Danke schön Griechenland.«

Unsere Träume wurden Wirklichkeit. Sechs Jahre ist es nun her, seit wir Hamburg verließen um uns hier, auf der wunderschönen Insel Chaos, niederzulassen. Es hat sich gelohnt, auch wenn wir so manchen großen Stein, der unseren Weg versperrte, zur Seite wälzen und wir uns alles hart erkämpfen mußten. Wir wurden letztlich reichlich belohnt mit vielen neuen Freunden, Erfahrung und dem großen Glück, die meiste Zeit in der Sonne verbringen zu dürfen.

Ferner möchten wir allen Verwandten und Freunden danken, die uns geholfen haben die Hürden zu nehmen und uns immer wieder Mut machten

Danke Euch Allen!